請你跟我這樣教
~自閉症幼兒

★把握ABA的原則，不是專家也能教得精彩！

國際行為分析師BCBA-D **袁巧玲博士**　國際行為分析師BCBA **白嘉民** 合著

誌　謝

這本書裡的每一個孩子，都是上帝獨一無二的創造，感謝孩子的父母對芙爾德教育中心的信任，讓我們有機會與這群天使相遇。而一篇篇精采的故事，最大的幕後功臣則是每天在中心為孩子們擺上自己的老師。老師們愛孩子的心有目共睹，雖經歷挫折，但一看見孩子進步，就只記得讚嘆與狂喜！我敬佩老師們一路走來的堅持，也深感慶幸，擁有這麼一個美好的團隊，這是上帝賜給中心、給孩子最難能可貴的禮物！

序

我還記得 2007 年剛從美國回臺灣，一次去大學應徵教職的場合中，在場的教授們聽了我解說「應用行為分析」在美國長年的研究和實用性之後，問到：「這個方法在美國好用，在臺灣適用嗎？」當下雖然我的回應是：「只要是人，都能適用！」但心裡不免擔憂：要讓人信服這套教學法的有效性，可能還有很長的路要走。

從那之後，我藉由無數的演講，致力推廣應用行為分析（ABA）的原理原則，和它在孩子學習上的成效，我特別提及那群曾經在美國被我教導的孩子們，因為早期就接受 ABA 的療育，能力上有驚人的突破。有一次，在一場演講結束後，一位家長問我：「袁老師，這個教學法聽起來的確很吸引人，為何不嘗試運用在臺灣的孩子身上？」這個問題瞬間點醒了我，也讓我領悟到暢談理論是一回事，但實際地去運用它才能真正幫助孩子、協助家庭。因此，「芙爾德教育中心」帶著這項使命在 2009 年誕生了！

我必須承認，一開始要走的道路十分艱難，因為社會大眾對於 ABA 還是有一些質疑和錯誤的迷思，例如：ABA 只能教重度自閉的孩子、它把孩子教得像機器人、一定要用食物來營造孩子的學習動機等……。每當我聽到這些言論，我只能痛心地苦笑，並盡我所能向家長或治療師們灌輸正確的觀念。曾有一時，我想過回美國去，畢竟我擁有的行為分析師認證不僅在美國的醫界、學界都能受到認同，這份專業還能得到一定的尊重。但就在我想放棄時，上帝派給了我一位好夥伴，白嘉民老師，我們一同努力，一同將 ABA 的精髓實務運用在孩子身上，終於讓愈來愈多人看到成效，孩子的能力因為有了適合他的學習方式而有所提升，親子間的互動也因獲得了正向能量而大有改善。

我熱愛 ABA ，因為它的「記錄」精神讓我敬佩，每當我們為孩子進行教學，或是介入行為問題時，我們都會明確地定義行為和記錄孩子的反應，從記錄中分析孩子的學習狀況，在適當的時機點，選擇有科學依據且又適合孩子的學習模式；而且也能透過分析，判斷出幫他擬訂下一個學習目標的正確時機，循序漸進地教導孩子以他的步調來學習，因此不必擔心會耽誤孩子的進度。我們很幸運地因為有這些記錄，孩子的進步不是只流於隨口說說，而是能有憑有據地在大眾面前呈現 ABA 這幾年在臺灣的一些成功案例。寫這本書，是我和白老師在教導孩子時所獲得的感動，雖然只是小小的一部分，但是當我們看到孩子進步的那一剎那，老師們是真心地為孩子歡呼、為孩子感到驕傲，所以教室裡總會不時地傳出狂喜與驚呼聲，希望透過這本書，能讓大家身歷其境，和我們一同分享這份喜悅！

別急!請先看這裡……

如何使用這本書

無論您的身分是父母、老師、或治療師，與孩子互動時難免會遇到一些瓶頸，或因為忙著處理孩子的情緒、行為問題，而無法使療育達到最好的成效。這本書的目的，不是讓教學者照本宣科照著教，而是學習如何觀察自己的孩子，從觀察中了解孩子的學習模式與問題，謹慎地分析之後，選擇有實證根據的策略來引導孩子。

行為分析師的十大處方準則

1. 多以正向的方式與孩子互動

如果你常常注意孩子的好行為，你會發現孩子的好行為其實比壞行為來得多，但是如果你看到的只是不好的行為，或是只有在他表現不好的時候對他有回應，孩子便學會以相同的方式引起你的注意！請記得，很多孩子不好的行為會因為正向互動的增加而自動減少喔！

2. 讓孩子了解你設定的規則和標準

在孩子能理解的範圍內說清楚你設定的規則，可以透過圖片或字卡提示的方式，讓他明白哪些是適當、哪些是不適當的行為，而只有適當的行為才會得到爸媽的肯定和注意。與孩子溝通過規範後，其他的照顧者和老師們也儘量保持一致性，孩子才不會因為標準不同而混淆。

3. 給予具體、明確的指令

跟孩子說話時要使用關鍵字，避免一次穿插太多的訊息，若孩子不理解，記得運用手勢輔助。每天給予大量練習的機會，並搭配情境，孩子較能理解指令的涵義；一旦孩子精熟後再以漸進的方式加入其他的訊息。

4. 別忘了給予立即的回饋

對孩子而言，任何一個進步都是孩子努力達成的里程碑，無論是孩子做到你要求的事，或是他有好的表現時，一定要記得以孩子喜歡的方式鼓勵他，讓他有多一些的正向經驗，孩子的學習才會連結得快、學得有動機。當然，在孩子反應不正確時，也需要即時地示範給孩子看，讓他跟著你一同做出正確的反應，孩子才能從錯誤中學習。

5. 漸進式地引導

目標設定得太高會讓孩子有挫折感、想要逃避。觀察孩子現有的能力，在他能力所及的範圍內提高一點點標準，只要孩子容易達成，他就會有成就感，因而更願意學習。

6. 反覆練習

少有人能從一、兩次的練習就學會一項技能，每個人都需要有大量練習的機會，才能將一項能力學得精熟、用得拿手；每天提供孩子充分練習的機會，讓他學會在不同人面前、不同場地中運用，還可促進連結與類化的能力！

7. 從生活中學習

很多孩子的學習經驗是在家中建立的，行為也是在家中被塑造。療育能給予的資源有限，因此父母們需利用平日的互動來引導孩子學習，請記得，任何場所或情境都是孩子建立能力的地方，愈是自然，孩子學得愈好！

8. 觀察再觀察

細心觀察孩子在行為出現之前所發生的事，以及行為過後所發生的事，當你看到一個固定的模式後，就能分析出孩子行為出現是因為他想要你的關注、有生理上的需求、想要逃避，還是想要向你表達他的情緒。

9. 別貪心，一次只處理一、兩個行為

把焦點放在最迫切需要改善的行為上，並以對孩子現況有意義的行為作為改善的目標，當你決定使用某種策略來引導孩子時，記得給孩子一些時間適應你的介入方式，再從中觀察孩子的行為變化。

10. 幫孩子找到替代的方法

有時候不是孩子不願意聽話，或是偏偏要做那些讓人頭痛的行為，他們只是單純的不知道自己「可以」做些什麼。當你了解孩子為什麼會出現某種行為時，協助孩子找到有相同意義，且又適當的行為作為替代。

目錄

誌謝

序

如何使用這本書

1 視聽動放大鏡：覺察環境訊息 001

你在看什麼？ 005

你聽到我說的話嗎？ 010

我的孩子停不下來 015

2 你想說什麼：溝通魔法棒 021

連不上線的孩子 025

沉默是金 031

一招走天下 037

沒有問題的孩子 043

十句我愛你 049

3 擦出互動火花：遊戲這條導火線 055

不關我的事 059
總是說負面的事 064
我都自己玩 068
哪裡錯了？我不懂？ 074

4 心的迷宮：找到情緒該有的出口 079

我不能接受錯誤！ 085
有誰了解我？ 091
你們看得到我內心深處嗎？ 097
有情緒該怎麼辦？ 102

5 你懂我懂他：了解行爲背後的密碼 107

動不動就會打人的孩子 112
不喜歡上課的孩子 119
聽到回來上課就說「我不要！」 126
我的孩子會自我刺激 131
到哪都哭鬧的孩子 139

6 認知排行榜：從生活開始 147

好啊！我跟你走 150

我的世界除了玩還是玩 155

我不會！老師沒教我 162

我不知道你在問什麼？ 168

想告訴你發生的事 173

7 單飛的條件：有一雙會自我管理的翅膀 179

遊手好閒問題多 184

你說一句，我一個動作 189

好難克制、好難改啊！ 194

有嗎？我有嗎？ 202

參考文獻 207

1

視聽動放大鏡

覺察環境訊息

生做了診斷，孩子明明就看得見、聽得見，為什麼對身旁走過的人就是視而不見？叫他的名字也沒有反應？他總是望著遠方，即使看著人，視線卻像是可以穿透一般，除非是他有興趣的事物，不然他的眼神通常會在注視幾秒鐘後就飄向他方，身旁移動的事物或環境的轉變對他來說，彷彿毫不相干。而對於聽，他好像完全聽不懂別人對他說的話，周遭突然發出一個聲音，他也無法察覺；他到處遊走，無目的性地移動著自己的身體，不喜歡在同一個地方待上太久的時間，這些環境中的訊息，無論是透過看、透過聽或是透過身體去體驗的，他都接收不到，他，好像不屬於我們這個時空。

當嬰兒一出生，就能透過視覺、聽覺、觸覺、味覺和嗅覺等感官來認識我們的世界，藉由這些感官中所接收的訊息，強化了大腦神經系統的連結，也促發了孩子的學習能力。可惜的是，當孩子在感官訊息的接收上有缺陷時，任何學習，也會變得更加艱難。當嬰兒跨入了幼兒的發展時期，他們會仰賴視覺、聽覺與動作來學習大部分的能力，從語言上的溝通、認知的學習、自我行為的管理到與他人互動，孩子都需要擁有這些視、聽、動的先備條

件，他們才能如一般孩子「有條件」接收和消化我們所提供的刺激。

這些基本的學習條件如此重要，但卻鮮少有人重視並花心思在建立這些能力。我們常看到一些心急如焚的父母，為孩子安排許多的療育課程，孩子的行程滿滿，就像在上才藝班一樣，每樣都想讓孩子參與，深怕錯失了給孩子多元刺激的機會，更怕因此錯過了黃金療育期，然後心滿意足地看著自己為孩子製作的行程表，全是為了得一個安心。但是，父母是否曾問過自己，孩子到底學到多少？他們的進度是否與父母的期待相符呢？當孩子在學習上一直停滯不前的時候，家長是否積極地檢視過那些療育課程所重視的能力？治療師們是否分析過孩子學習的瓶頸在哪？他們又是花多少時間、試過多少方法在孩子的核心技能上？

從這些年的教學經驗中，已有無數的父母向我們透露他們無助的心聲，有些孩子，上了兩年五花八門的課程，進步卻非常有限，家長不僅花費了大把的鈔票、賠上了時間，還耗盡了孩子學習的黃金時期。的確有一群這樣的孩子，來到我們的 ABA

教育中心時已經 5、6 歲了，在完成初次評估之後，我們發現一個現象：有許多孩子其實是很有潛力的，也就是說他們的能力應該比現有的更高階，但讓我們好奇的是：這些年他們都在學些什麼？他們的能力總以片段呈現，缺少著那麼多連結的環節，能力與能力之間就如斷軌一般，無法銜接起來，難怪父母再怎麼加課，也很難填補投資和報酬之間的落差。

有察覺能力的孩子，就有能力學習。無論是透過聽、看或動，孩子對這些接收訊息的管道需要具備一定的敏感度，才能從「看」的過程中學習觀察到環境的細節與變動，再延伸到模仿他人、辨識他人的情緒和肢體語言；從「聽」的過程中，孩子也會對環境中的事物和語言感興趣，注意任何與聽相關的學習內容，理解他人說的話，最終與他人互動；在「動」的方面，學習如何停留在一個固定的範圍（譬如安坐或有目的性地行動），對於孩子專注在教學者身上和在不同場合該有的表現有著極大的影響；一旦這些根基打穩，其他的能力會如積木般一塊塊搭建起來，父母給的刺激才具有了意義。

你在看什麼？

平平是個活潑又愛動的5歲小女孩，幼稚園的老師已不只一次地告訴媽媽：平平在學校裡上課都無法專心，老師講故事有的時候平平都不會注意老師，上課時老師發的教材平平也不會看太久，只要是她沒興趣的東西，平平只會注視1、2秒鐘便轉向別的地方，更不用說參與活動了，就因爲她不看，所有老師教的內容平平都不會做，學習的效率也因此受了很大的影響，學什麼都緩慢，媽媽擔心這樣下去平平在學校會跟不上進度。

很多孩子在視覺方面的專注力有缺陷，他們對事物的聚焦時間短、無法持續定點地注視、對於周遭環境發生的事缺乏觀察力……若是不幫孩子突破這道牆，就會成為他們未來學習的一大阻礙。平平的狀況正是如此，在視覺專注力缺乏的限制下，表面上看起來只是平平「不專心」，事實上，平平無法從老師身上接收到完整的訊息；也就是說，平平接收的是片段的訊息，使得她在學校的學習受到影響。不單是在學業上的學習，就連人際關係，包括注視他人、觀察同儕，或人與人之間互動的細節都會因此而受限。視覺的專注力是在任何場合都可以訓練的，孩子的專注力練習應是融入在每天的生活作息裡，從看著媽媽做菜煮飯的每一個步驟、聽爸爸說故事時看著繪本裡的圖案、看著妹妹哭的表情，到看著公園裡奔跑的小狗，都是透過生活中最自然、最隨機的方式讓孩子學習專注。

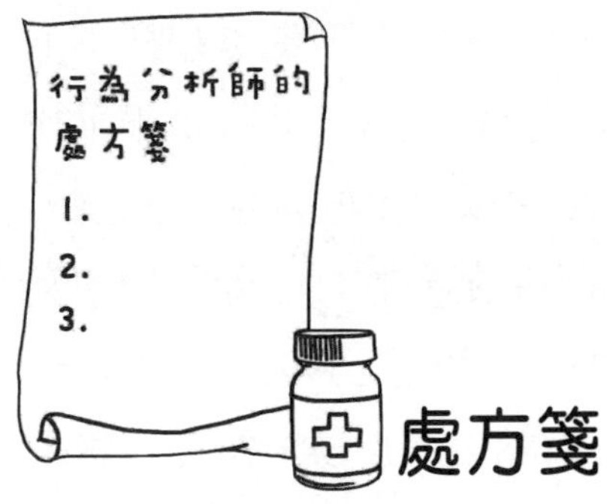

在平平身上的運用

學習前的先備能力 1 ➲ 視覺專注力

1. 孩子，你能找到它嗎？
（Keohane, Greer, & Ackerman, 2006b, May）

與人相比，平平花在看物品的時間上多很多，我們藉由她原本就喜歡看物品的動機，從中訓練她注視移動物品的能力。訓練的方式其實是大家都熟悉的一種桌上遊戲，也就是在兩個杯子的其中一個放入平平喜歡的小物件（可以是點心或是玩具），只要她能視覺追蹤到杯子裡的物件，就能獲得物件。這個練習包括了幾個步驟：(1) 一開始先用透明的塑膠杯，平平才能容易追蹤到；(2) 當平平聚焦在杯子上之後，慢慢地將杯子互換位置，再提示平平找尋物件；(3) 難易度是以平平的進度來調整，如果平平都能順利的追蹤到物件，除了增加互換杯子位置的次數外，我們還另套上了幾個塑膠杯，使杯子變得模糊，最後換上紙杯，讓平平專注在杯子而不是她喜歡的物件上。透過這個練習，平平能持續專注在教材上的時間拉長，對環境中移動的事物她也會開始注意了！

2. 老師和同學在哪裡？（Catania, 2007）

平平有一個特性，就是不愛看人，明明有人從她身旁走過，她還是寧願看著她有興趣的事物，如果不提升她對人的興趣，那麼，未來會有很多能力無法從透過觀察別人中學習。因此，我們運用了兩種方法來誘發她看人的興趣，在這兩個方法中，我們並沒有強調眼神上的交流，只要求她面朝向老師或看往同儕的方向。針對老師，我們會拿起平平喜歡的物品，在平平注意到的時候把物品拉到老師的臉部，一旦平平注意到老師，我們會立即地鼓勵平平，目的是讓她體會看人會有一個正向的結果；另一個方法是以手勢和說明的方式來讓平平注意她身邊的同儕，例如：我們會帶著平平在教室裡「散步」，指向正在進行活動的同儕，並以有趣的聲調說道：「你看，小乖在疊積木耶！」我們發現合併這兩個方法後，有幾次平平開始主動地看老師和小朋友，對人開始有興趣，也有了學習的開端。

你聽到我說的話嗎？

晚飯後，小香跟姊姊一起坐在餐桌上拼著拼圖，廚房裡突然發出玻璃摔破的聲音，姊姊嚇了一跳並看向廚房，小香則是繼續拼著拼圖，頭也不抬。接著爸爸走了過來，說道：「媽媽的手受傷了，快去幫媽媽拿藥膏！」這時的小香好像沒聽見似地，繼續地玩著桌上的拼圖。

我們都知道，「聽」在語言學習上所扮演的重要角色，缺少了會「聽」的能力，語言溝通就難以被啟動，想要模仿他人說一句話都很困難，更不用說能聽得懂別人在說些什麼了！在聽覺的專注力上，通常我們會先檢視孩子是否有「聽的敏銳度」，也就是說，當環境中有個突發的聲音，孩子會注意到嗎？或是有人來問候孩子、身旁有人在交談時，孩子會對這些互動的語言做出反應嗎？如果孩子對環境周遭的聲音及語言的聲音都聽而不聞，他怎麼會對他人所說的話有興趣，進而從老師、父母和同儕的身上學習呢？對於這些聽覺敏銳度較低的孩子，父母應花多一些的時間和精力在提升這個基礎的能力上，引導孩子注意到聲音，讓孩子「喜歡聽」聲音，對聲音「有興趣」，以預備聆聽和學習語言溝通的先備條件。

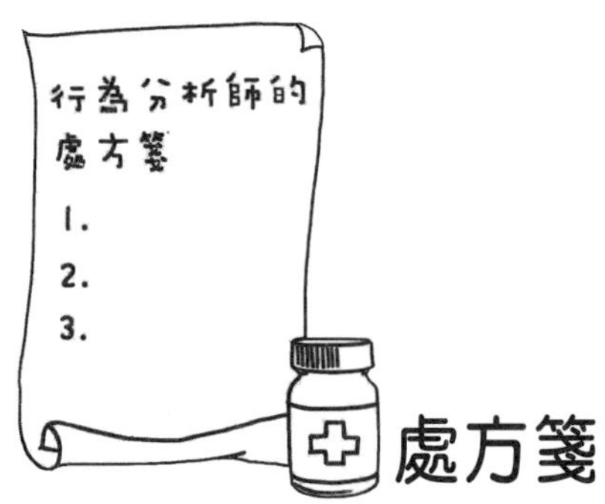

處方箋

在小香身上的運用

學習前的先備能力 2 ➲ 聽覺專注力

1. 愛上聽聲音
（Greer, Pistoljevic, Cahill, & Du, 2011）

我們使用了一種配對概念，也就是在小香聽聲音的過程中，搭配能使她開心和享受的元素，而這個元素──按摩，就成為她開始喜歡聽的重要關鍵。在進行這個練習之前，我們用錄音筆預錄了許多童謠、故事，和老師常對小香說的話，在播放的時候，我們會引導小香將手放在聲音開關的按鈕上，並讓小香一邊聽，一邊享受著被按摩的感覺，就這樣配對了一段時間，有一天當老師們在講話的時候，小香竟抬頭看了正在說話的老師，讓全部的老師非常興奮，雖然這只是顯示小香注意到老師在說話的一個小動作，但它卻是語言學習道路上的一個重要里程碑！

2. 孩子，你聽到了幾個訊息？（Leaf & McEachin, 1999）

首先，老師先教導幾個小香在上課時常會聽到的指令，指令都很簡單，只說關鍵字，就如「過來」或「放這裡」，在她學會之後才會增加新的指令。小香學得很快，簡單的指令一下就學會了不少，老師在她聽的能力提升後，繼續地加強她接收多重訊息和擴充聽覺記憶的能力：老師將小香已學會的指令合併在一起，讓她練習一次接收多項的訊息，例如，「小香，先拿蠟筆再給老師」或「請去拿書包再排隊」。另外，老師還會利用小香已會辨識的物品，讓她在聽完老師說：「給我葡萄和積木」後，記住她所聽到的，再拿正確的物品給老師。隨著小香的進步，老師要求她記得的訊息也逐漸增加，就是透過這些「聽」的練習，小香聽的能力愈來愈穩，老師們都很期待帶她進入下一個階段：學習理解他人所說的內容，逐步朝向溝通互動之路。

我的孩子停不下來

教室裡，小朋友正圍個圈圈聽老師說故事，玉潔坐著不到一分鐘就站起來走動，走到教室的角落又走到桌椅旁，摸了一下桌上的紙後，又繞回去角落，這樣的行爲每天都會重複上演，老師也只能不厭其煩地引導玉潔回到故事圈裡；上課了，玉潔幾乎全程是站著上課，椅子上像是有根刺，一旦老師要求玉潔回座位，才剛坐下，玉潔就嘗試離座，期待她能跟著同學一起安坐上課幾乎是不可能的事；回到家裡，媽媽忙著做飯，玉潔還是一樣地遊走，就算是用玩具吸引她，玉潔還是很難固定地待在一個地方。

有些人認為，要求一個孩子長時間坐在椅子上上課，是不合情理的，其實，坐在椅子上只是個形式，重點在於孩子能否持續留在一個定點學習，若一個孩子不能在一個地方待上一段時間，他的專注力是分散的，所接收的訊息也容易受中斷。當然，當孩子對一般的事物沒興趣的時候，待在一個定點的時間自然是短暫的，他會不斷地嘗試去尋找對他比較有吸引力的事物。若先暫時撇開對事物缺乏興趣的這項因素，其實我們的孩子通常同時也缺乏自我控制的能力，不理解在什麼情境應該要有什麼樣的表現，他們的身體動來動去，思緒就會亂，學習力就會受到干擾。因此，教導孩子如何將身體和心靜下來，是讓孩子能進入學習模式的首要之務，就如同為孩子打開了那扇通往學習管道的大門。

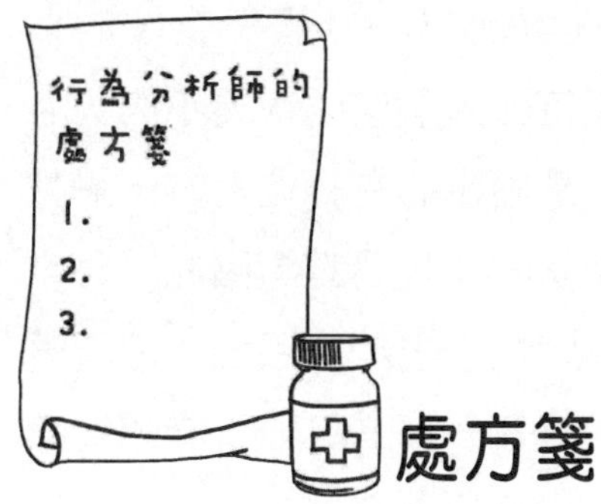

處方箋

在玉潔身上的運用

學習前的先備能力 3 ➲ 定力

1. 為孩子設計專屬的學習空間（Schreibman, 1975）

為了要讓玉潔能專心和安穩的學習，我們特別幫玉潔設計了一個她專屬的學習空間，硬體設備很簡單——小地墊，我們將 9 塊地墊拼成一個大的地墊，在這個地墊上擺放了許多玉潔喜歡的玩具和活動，目的就是希望玉潔能先「喜歡」待在一個地方，願意在固定的地方學習。這個地墊也可以到處移動，我們會放在教室裡或放在團體遊戲的場地，作為一個視覺的提示，讓玉潔理解簡單的身體與空間的概念。單單地讓玉潔待在這個空間裡還不夠，若是真的要讓玉潔喜歡固定的在一個地方，過程必須是享受而且愉快的才是關鍵，因此，每當玉潔坐在墊子上的時候，老師會跟她一起玩著玩具，營造快樂的氣氛，但是只要玉潔想要離開，老師就會拿走玩具。重複幾次後，玉潔開始做連結，她漸漸地能待在同一個空間，持續的時間也愈來愈長了！

2. 安坐練習（Osborne, 1969）

安坐的能力和需要跟孩子的年齡有關，我們不會要求一個 1、2 歲的孩子要坐在椅子上學習，但當一個孩子已經 4 歲，狀況就不一樣了，玉潔的例子正是如此，她除了需要學習待在一個固定的地方外，也應開始在上課的情境中練習安坐。一開始，我們的標準會訂在讓孩子容易成功的水準，只要她坐在椅子上 1 秒鐘，就可以離坐，讓她從事她喜歡做的活動。穩定之後，要求她坐在椅子上的時間就會延長至 2 秒鐘，再漸進式地增長時間，我們發現當玉潔能穩定的安坐 5 秒鐘後，她自然而然地就進入了學習的狀況，專注力較能集中，老師也會搭配她能專注的時間進行課程，一次只要求她安坐幾分鐘上課，讓她在這幾分鐘內達到有品質的學習。

2

你想說什麼

溝通魔法棒

手父母在教養孩子時總會參考很多的育兒經，一邊迅速吸收書上的知識，一邊睜大眼觀察孩子是否跟上書中描述的步調在成長。最常讓父母擔憂的莫過於語言發展，尤其是當一群年齡相仿的孩子在一起玩耍時，父母總是藉由比較察覺到孩子的不足。家長最普遍的訴求就是：「我的孩子什麼時候才會講話？」大多數的人已經太過習慣把「說話」等同於「溝通」，但事實上，語言只是溝通的一部分，甚至只是一小部分，試著回想一下自己，有多少的溝通存在於無言之中，一舉手一投足其實就能看出對方溝通的意圖。

大體而言，一個孩子雖然可能還不會表達，但已經可以理解他人的意思，因此千萬不要因為孩子口語的限制就減少與孩子對話的時間。孩子可以先從接收訊息開始練習，一些重要的能力包括：對自己名字的反應與眼神注視、聽從指令和模仿等，這些能力幫助孩子透過看、透過聽意識到溝通對象並做出正確反應。我們的孩子最先被觀察到較不尋常的地方就是眼神，一般的孩子對人的興趣遠大於對物品的興趣，所以只要有他人在四圍，孩子的眼神會自然而然地追隨，並且適時地互動。我們的孩子常常沉浸在玩弄手上的物品而無法接收其他的訊息，更不用提與他人互動，就連別人叫他名字也不太會有反應；學習聆聽自己的名字，是孩子開始聆聽別人說話的開端。另外，孩子需學習理解在家或在學校常用的指令，這些是孩子日後進入團體生活中能否適應的基礎。模仿也是很重要的學習基石，包括物品操作模仿和肢體動作模仿，要模仿前，孩子必須先能注視模仿的對象，並試著做出相似的動作，藉此訓練孩子對照的概念，以便運用在日後各項技能的學習。

在表達方面，剛接觸到一個孩子時，我們最在意的是：孩子是否有能力表達最基本的需求？又是用什麼方式讓人知道？首先，我們會觀察孩子已有的先備能力，教導符合孩子現階段能力的溝通方式。如果是年紀很小的孩子，沒有口語，也無法做出指出的姿勢，只要孩子把手伸向他想要的物品的方向，我們便視孩子表達了自己的需求，就馬上把物品給他，讓他知道他的意圖已被理解，需求也立即得到滿足。如果孩子有圖片與物品配對的概念，我們可以教導孩子以呈現照片或圖片的方式與他人溝通；如果孩子有肢體模仿的能力，可以讓他用簡單的手語讓別人明白他的意圖；如果孩子對文字有興趣，可以試著讓他用書寫或打字的方式與人互動，表達的形式並不重要，重要的是孩子的意圖是否能被清楚地理解與滿足，曾有父母反映不希望孩子用給予圖片的方式溝通，因為在公共場合這樣看起來很「奇怪」，但相較於孩子的需求沒有被理解和滿足時所出現的暴怒情緒，遞上圖卡反而「不奇怪」。

如果孩子已能發音，我們會視情況讓孩子以單音、單詞、短句或完整的句子來表達。我們發現當孩子的需求被理解且滿足後，孩子的學習就會逐漸穩定，這時我們會加入表達需求之外的溝通面向，包括：與人分享或交談等。與人分享是當孩子看到一個物品或事件後，主動表達讓他人知道。這個溝通面向也不侷限於口語，有些孩子可以用圖片或文字來與人分享。交談是較複雜的溝通，為了讓談話可以維持，每個人都在說話者和聽話者之間來回轉換，不只是角色必須適時切換，話題也必須隨著對方的內容做調整，所以訓練孩子在談話時顧及對方的反應，就是交談是否能成功的重要關鍵。

從與孩子互動的經驗中我們發現，給孩子適切的溝通管道是進入孩子世界，與他同行的第一步。

連不上線的孩子

小米是一個很可愛的孩子，個子小小的，總是在教室裡面轉來轉去，找尋可以引起他興趣的物品，持續低著頭把玩，周圍的人想盡辦法要與他連上線，無奈他都無動於衷。當他好不容易抬頭時，發現他的視線也總是落在遠方，人站在他面前就像可以穿透一般，與書上所描述來自星星的孩子簡直如出一轍。

在開口說話以前，其實有一大部分的溝通模式是以接收的形式出現，例如：跟他打招呼時是否有眼神接觸？叫他的名字是否有回應？別人給予的指令是不是能遵守？看到別人的動作會不會跟著做出來？這些能力都不需要開口說話，但卻是與人互動時極重要的溝通技巧。常常孩子在語言表達上的困難比較明顯，所以大家竭盡所能地加強口語練習，非語言的溝通技巧就容易被忽略。但是，若只教導孩子口語內容，卻沒有教導他依情境或依他人的反應做出正確回應，很可能孩子就會落入自說自話，或是說出不適當的話的景況。因此，加強基礎接收性的溝通能力是教學的重點之一。

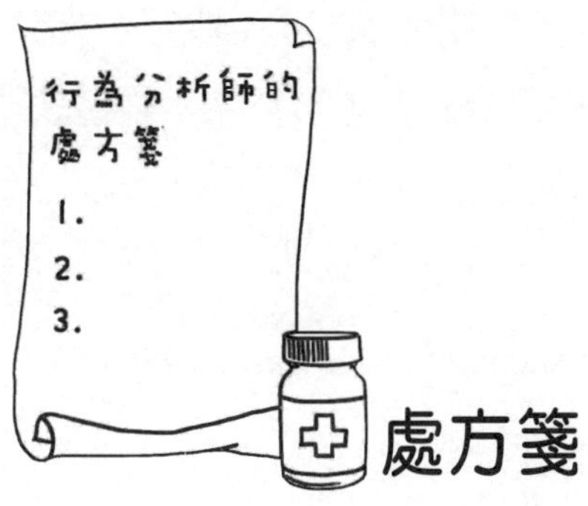

處方箋

在小米身上的應用

1. 你知道我在叫你嗎？（Richman, 2001）

為了讓孩子對自己的名字有反應，剛開始我們會先以孩子喜歡的物品為媒介，把物品放在孩子眼前，然後叫他的名字，同時把物品從孩子的眼前移往教學者的眼前，孩子便會順勢朝教學者看過去，這是為了讓孩子習慣聽到名字時就抬頭看著叫他名的人。等到孩子在有物品的情況下都能很穩定地反應後，再慢慢把物品退除，直到不再需要媒介，孩子就會對叫名有反應為止。當孩子可以穩定地獨立反應後，我們會在自然的情境中叫他，不論是從遠方，或是從房間外，甚至是在公園或公共場合，都希望他能知道當別人叫自己的名字時，要朝著叫名的人，做出適當回應。

2. 聽到就能做到（Touchette & Howard, 1984）

能聽懂，並正確執行他人的指令是孩子進入學習模式和團體生活的重要基本能力，因此，我們讓小米先學習執行單一步驟的指令，這些指令是生活上或課堂上經常用得到的，例如：「拍拍手」、「站起來」、「過來」、「舉手」等，因為小米之前並沒有遵從指令的習慣，一開始聽到指令時可能會仿說，或者乾脆沒有反應，所以我們先在一對一的情境中，以漸進的方式讓小米從需要協助到獨立反應。例如當教學者下了「拍拍手」的指令後，就馬上拉著小米做出拍手的動作，並且得到鼓勵，這個零秒的協助讓小米沒有錯誤反應的機會。等到小米漸漸連結了指令和相對應的動作後，我們一下完指令，不會立即給予協助，先等待一秒鐘，如果在一秒後小米仍沒有反應，我們才帶著小米做出動作；如果小米在一秒內就做出正確的反應，顯示小米已有能力獨立完成，我們會給予大量的鼓勵，讓小米知道他做得很好；但如果一秒內小米做了錯誤的反應，我們會透過糾正讓小米學習正確的反應，經過反覆練習確保小米可獨立反應並且練到精熟。隨後，我們觀察小米在小團體的情境內是否可以表現出這些已精熟的能力，最終希望小米可以在小團體，甚至大團體中獨立表現出來，讓孩子有能力主動參與學習。這個能力在學校的環境裡是非常需要的，例如：老師常常會在活動開始前交代將要做的所有細項：「等一下請大家去拿水壺，要戴帽子，然後去穿鞋子，到外面的走廊排隊。」能聽懂並立即執行才能跟上活動流程，不需要別人不斷地提醒。

3. 請你跟我這樣做（Du, 2011）

很多的學習是透過觀察和模仿而來，好的模仿能力能讓往後的學習更有效率，例如在學齡前，孩子常是透過示範學會如何操作新玩具或工具；大肢體的模仿技巧更是孩子模仿嘴形變化、學講話的能力基礎；而上小學後，也需要跟著老師一筆一劃學寫字。因此不論是物品操作模仿或是肢體動作模仿，都要先幫孩子建立起基本能力。於是我們為小米設計了學習模仿的課程，一開始他根本搞不清狀況，只是睜眼看，所以我們透過直立式的鏡子為輔助，讓小米和老師併肩坐在鏡子前面，當老師做出摸頭的動作時，確保小米看著鏡子內老師的動作，並且立即帶著小米做出摸頭的動作。漸漸地，小米開始了解老師的身體部位，與自己的身體部位的關係，能做出相似的肢體動作，也漸漸地了解什麼是模仿。不久之後，即使沒有了肢體的協助，小米還是能自己做出動作。我們發現，一旦小米有了模仿的概念後，模仿就不再是難事，不管有沒有教過，他都可以做出來，連在小團體的唱遊活動也能跟著唱唱跳跳了呢！

沉默是金？

小西是一個安靜的孩子，剛來上課時，並沒有出太多聲音，連搔癢也引不出笑聲，唯一聽得到的音是當小西拿不到想要的玩具時，會大叫「啊」，經過了好長一段時間，都沒有太大的進展，不禁讓人懷疑小西要學會說話似乎還有好長一段路。

行為分析師的話

常聽到父母憂心孩子不會說話，但如果仔細觀察，其實可以分成多種不同的類型。其中一型就像在個案分享中提到的小西，雖然他一直都沒出什麼聲音，唯一發出的音又是在發脾氣的時候才有，想來不禁令人沮喪，但是千萬不要小看這個事實，仔細想想，即使是在不高興時開口大叫發出的音，也是孩子有的能力呢！這給了我們一線曙光，也是一個教學的起點，我們透過這個他發得很穩的音，把這個音的功能轉化，從原先是在有情緒時表達抗議的音，經由刻意的連結，轉化為仿說，一旦小西有了仿說的概念，接著就可以讓小西仿說其他不同的音。同時，我們也使用小西喜歡的東西，讓小西學習發出多種不同的音。我們發現當小西動機很高的時候，很願意說話，雖然音不一定發得很正確，但孩子開口的意願比正確率更重要。這兩方面並進的結果，不但小西嘗試說出多種不同的音（像：眼睛、嘴巴、手機），也透過漸進式的塑造讓小西慢慢修正自己的發音。經過幾個月的努力，小西已經可以仿說任何 2 至 3 個字的詞，而且可以很穩定地說出「抱抱」來要求大人抱抱。

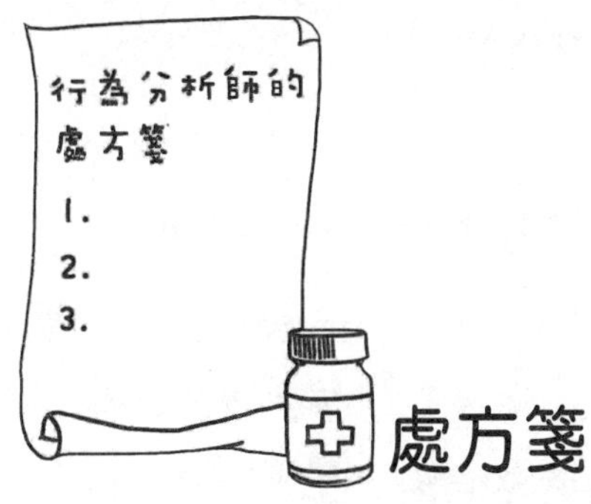

在小西身上的運用

1. 讓音節有了新的意義（Cooper, Heron, & Heward, 2007）

我們嘗試誘導小西在不發脾氣的情況下也能發出「啊」的音，因此我們拿著小西最喜歡的玩具吸引他的注意力，接著老師先示範「ㄚ」，然後請小西仿說「ㄚ」，如果小西發出跟老師一樣的音，就讓他玩一下玩具。因為小西很想玩玩具，學習動機很高，於是小西開始習慣跟著老師發出「ㄚ」的音，成功地把「ㄚ」的音從負面情緒表達轉換成仿說的功能。我們一開始的目標是讓小西願意仿說，當他說話的意願增加，我們就更能漸進式地引導他將音節塑造成與物品名稱接近的音。

2. 化衝動為學習的動機（Ross & Greer, 2003）

行為衝動（behavior momentum）是一種普遍的教學策略，不僅僅只用在教導語言上。行為衝動的精髓在於透過孩子已經學會且精熟的目標，讓孩子從中得到鼓勵並建立學習的信心，當其中穿插了較難的教學目標時，孩子會有意願嘗試，因此也增加了成功的機率。以小西的例子來說，在單音仿說穩定後，為了讓小西可以發出有別於「ㄚ」的音，我們先讓小西仿說幾個「ㄚ」的音之後，再試著讓小西模仿發「一」的音。小西因為可以成功地發出幾個

「Y」的音而得到鼓勵，使得小西發「一」的動機和正確率也提高了。透過同樣的方法，我們一個字一個字增加小西仿說的音，小西學會了仿說「二」、「嗚」、「好」、「巴」。之後，我們不再需要藉助先前學會的音誘發動機，小西可以在聽完老師說的單音後就直接模仿，從此小西學習仿音的效率變高，在短短的一個半月內又多學會了模仿六個音。

3. 開始表達需求囉！（Greer & Ross, 2008）

當孩子漸漸抓到仿說的訣竅，也不再視仿說為困難的功課時，我們就直接讓孩子仿說新的音節。配合孩子喜歡的活動，孩子便有開口的動機，給予多次的練習機會後，孩子開始了解到話語的威力，知道自己開口說出的話可以帶來做活動的機會，並從中得到樂趣。因為小西仿說的能力已漸漸穩定，我們觀察到小西非常喜歡被人抱著轉圈圈，因此在每次小西希望被抱起時，請小西先仿說「抱抱」，只要他開口仿說「抱抱」，就立即被抱起轉圈圈；經過十次的循環練習後，小西開始主動開口要「抱抱」，老師當然二話不說地將小西抱起轉圈圈，這可是小西學會的第一個有意義的字啊！從此每當小西想被抱起轉圈圈時，小西會很主動地把手臂伸出並且看著老師說「抱抱」喔！

一招走天下

小飛是一個有趣的孩子，在任何的狀況下都使用同一個音溝通，因此無論老師問他什麼，例如：「要不要吃點心？」孩子會回答：「de」，問他：「你要玩什麼？」也是回答：「de」，雖然能發出音是一件令人高興的事，但因為在任何情況下都是同一個音，一般不了解他的人並不能明確地知道他想要什麼，因此增加他人理解小飛的意圖就成了最先要達到的目標。

當一個不會說話的孩子願意發音時，周遭的人全都興奮異常，因此總是強力地鼓勵孩子發出的音。這本是好事，但有時候，因為基於對孩子的了解，即使孩子總是說同一個音，甚至沒說出口，孩子的需求父母都理解，通常就立即得到滿足。所以很多孩子學會了「一招走天下」，如例子中的小飛總是發出「de」的音，或者有些孩子不管好不好都說「好」，甚至有很多孩子持續拍著胸大聲說出「我要」以得到任何想要的東西，這些萬用語，親近的人可能很容易理解，但若是不了解孩子的人，想幫忙也不知道該怎麼做！因此給孩子一個眾人都能理解的溝通管道是必要的，形式不拘，可以是用手指出，也可以用圖片溝通，用手語、文字或口語都無所謂，最重要的是孩子的意圖要能被清楚了解。

當然口語仍是在溝通時最容易使用的方法，也是大家努力的目標，但對於一些孩子，圖片也許是初期最直接、也最容易學習的溝通工具，因此常成為我們在教學時的第一步。不過有些父母不願意讓孩子學習圖片交換溝通系統，因為擔心孩子一旦學了圖片交換溝通就不用開口講話，孩子就永遠不會講話了。我們常會跟父母釐清正確觀念：在教導圖片溝通系統時，教學者都會搭配著口語幫孩子說出物品名稱，所以孩子雖然在使用圖卡，但耳朵不斷接收對應的語音，等到有一天，當孩子預備好發音，就可以從已經吸收的語音知識提取對應的訊息。另外，無論是口語或圖片溝通系統，因為都有語言的成分在裡面，學習時也會刺激大腦語言中樞，因此不但不會抑制孩子的口語，反而有助於語言的學習。並且我們在教學時會依據孩子學習的狀況做調整，如果孩子的口語已漸漸出現，我們就會將圖片和口語互相搭配，漸漸地把圖卡退除，最終讓孩子可以獨立以口語表達。

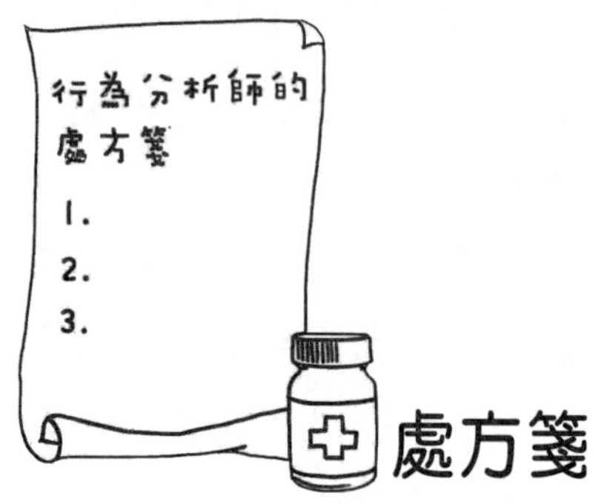

在小飛身上的應用

1. 以圖片系統為過渡的溝通工具（Charlop-Christy, Carpenter, Le, LeBlanc, & Kellet, 2002）

因為小飛有圖片與物品配對的概念，我們先引入圖片交換溝通系統（PECS），讓孩子選取想要物品的圖片，再把圖片交給溝通對象以得到想要的物品，作為初期主要的溝通工具。由於科技的快速發展，坊間已有許多類似概念的電子溝通輔具。雖然小飛沒有口語，但教學者在教導使用圖片交換溝通系統時，一定會代替孩子說出他的需求，例如：小飛撕下「泡泡」的圖片並交給教學者時，教學者會以孩子的角色說出：「泡泡」，一方面讓小飛在每一次的溝通時，都可以聽到圖片上的物品的名稱；另一方面可以讓小飛習慣與人溝通時該發出口語，日後一旦小飛開始出現口語，就能在正確的時機使用。

2. 擴充孩子發音的多樣性
（Lee, McComas, & Jawor, 2002）

為了擴充孩子發音的多樣性，第一步要在孩子發出不是「de」的時候，就馬上鼓勵他，例如，因為孩子喜歡吃柚子，我們在點心時間讓孩子說「柚」，孩子最常發出的聲音當然還是「de」，不過只有在孩子出現的音跟「de」不一樣時才能吃到柚子，例如：「掉」或「要」我們都鼓勵他。久而久之，孩子就學會發出跟「de」不一樣的音了，因而擴充了他發音的廣度。

3. 理解，才能說得更正確
（Williams & Greer, 1993）

為了讓孩子更能融入社會情境中，孩子的

意圖應該要能被清楚的理解，即使溝通的對象不是專業人士或父母，也能知道孩子的需要。因此我們會從明確的物品名稱開始教，例如孩子想要吃柚子，我們就會要求孩子講「柚」而不是「吃」。等到孩子可以以物品名稱有效地與他人溝通之後，我們再加長孩子的句子，例如短句「吃柚子」，或是完整句子「我要吃柚子」，孩子才能理解句子的結構。有些孩子對於不理解的句子只是用背的，例如：先前有個孩子只要說出「媽媽我要吃餅乾」就可以得到餅乾，結果孩子把整個句子跟能吃到餅乾的情境連結在一起，後來出現了孩子也對著老師或是阿嬤說：「媽媽我要吃餅乾」。我們花了好長的時間，先教會他辨識不同的人稱，再加上要求的句子，才教會他要依著對象更換稱謂說出要求，因此在教學初期就應格外謹慎，以後孩子才有自己替換語詞的能力並能適當地用在各種情境。

沒有問題的孩子

小龍好不容易開始會說話了，周遭的人興奮不已，不斷地跟他對話，通常都是以問問題的方式：「這是什麼呢？」、「誰在看電視？」等等，而小龍也是有問必答，可以以簡單的句子回答，但總覺得少了什麼。原來，我們從來沒聽過小龍主動問問題，通常一般孩子在 1 歲多時就會指著物品發出「咦？」的聲音問大人，直等到大人幫忙說出物品的名稱才罷休，可是這個能力在 3 歲半的小龍身上卻看不到，他是一個「沒有問題」的孩子！

一旦孩子開口說話了，很多人會著重在孩子說話的句子是不是正確、內容恰不恰當，若沒有足夠的敏銳度，較難察覺孩子是否主動使用語言。主動使用語言包括了問問題和分享，這也是對話的先備能力。問問題不只是單純地顯示了語言溝通的能力，當孩子指著物品問問題時，孩子必會在物品與聽者之間來回注視，自然而然就有了基本的分享式注意力，這是起始社交能力的重要元素。另外，問問題代表孩子開始出現好奇心及求知慾，所以答案本身就是孩子問問題最好的鼓勵。一旦孩子學會了問問題，就等於替他們開啟了一扇門，他們開始與人有正確的互動，也透過問問題累積大量的新知。而藉著分享得到他人的回饋，同時增加了使用語言後的社交互動。

美國聖塔芭芭拉的自閉症研究中心，長期追蹤經過早療教學後的孩子成年時適應的情況，他們發現在早期接受類似療育的孩子，長大後卻明顯分為兩群：有一群的孩子可以很自然地與人互動，能在職場上擁有一份工作，而且交到好朋友，幾乎看不出他們曾經有社交溝通的困難；另一群孩子正好相反，他們出現退縮、與人群隔離，大多數的人在療養機構過生活。這群科學家覺得困惑，明明當初這兩群孩子的能力相當，而且也接受相似的療育，但為什麼後來會有如此大的差別？是不是療育少了哪一環呢？仔細分析之後發現：其中預後良好的一群，在早期就出現了主動性，會跟父母互動，愛問問題，也喜歡與人分享；而預後不佳的一群，雖然早期就有不錯的口語能力，但都沒有任何主動與人互動的企圖，可見得主動與否是非常核心的能力，因此我們應該及早注意孩子與人互動的品質，設法提升孩子的主動性。

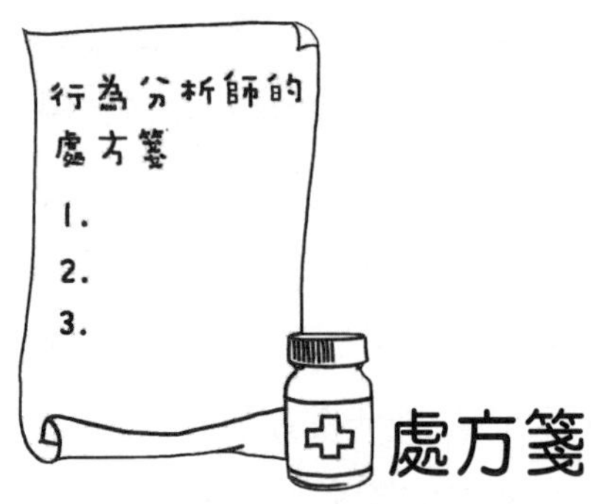

在小龍身上的應用

1.「問問題」打開知識的大門（Greer & Ross, 2008）

學齡前的孩子在一般狀況下，可以說出將近一百種生活相關的物品名稱，除了大人主動製造教學機會之外，大部分是透過孩子自己問問題學起來的。而孩子最快學會的問句是：「這是什麼？」因此我們使用小龍已經知道的物品，以圖片的方式快速呈現，每一張圖片都讓小龍說出名稱，只要小龍一說出，就得到鼓勵，在說了 3 至 4 個已知物品之後，適時加入小龍不知道的物品圖片，當小龍看到不認識的物品而愣住時，老師立刻協助小龍講出：「這是什麼？」因為小龍從過去到現在，一直都以回話為主，所以以為老師的口語提示是在問他問題，所以小龍一直猜答案，就是不會跟著仿說「這是什麼？」的問句。試了好多次之後，小龍開始漸漸有概念，也知道只要說出「這是什麼？」就可以得到答案，小龍因為可以學會新的物品名稱而有了成就感，就更願意使用問句來得到答案。當小龍學會「這是什麼？」的問句後，我們發現小龍不但主動性增加了，學習新知的速度也變快，意願也提升了許多！同樣的教學法可以逐步教導小龍「這是誰？」、「他在做什麼？」、「在哪裡？」等問句。

2. 學習分享看到的世界（Schauffler & Greer, 2006）

除了問問題，主動性還包括分享，也就是孩子會把看到或聽到的事物說出來與人分享。小龍雖有描述的能力，但在情境中主動說出來的頻率並不高。為了提升小龍與人分享的主動性，我們每天固定給小龍 40 次練習的機會，透過仿說的方式讓小龍密集地說出看到、聽到或感受到的事件，例如：如果有孩子在教室裡玩積木，我們就讓小龍仿說：「弟弟在堆積木」；如果地上玩具散落一地，我們就讓小龍仿說：「玩具好亂。」久而久之，小龍主動說出來的頻率增加了不少，習慣養成後，在自然情境中就容易主動分享了！

十句我愛你

倫倫是一個有口語的孩子，可以表達出自己的需求和看到的事物，但句子都不長，也不知道怎麼接別人的話。有一次，阿公打電話來，爸爸把話筒給倫倫，請倫倫跟阿公說說話，爸爸規定倫倫要跟阿公說十句話，倫倫情急之下連說了十次「我愛你、我愛你、我愛你……」就當交了差！

在語言學習過程中，父母很容易操之過急，有時候對孩子有了不符合能力的期待，反而造成孩子的壓力。語言能力並不是全有全無，是可以細分成很多階段的，例如：孩子說的是單字、單詞還是單句？多是回答他人的問句還是會主動問問題？說話的目的是為了要求物品活動，還是想跟人分享經歷到的事物？跟人說話時可以一來一往地持續下去還是沒辦法接話？對話當中可以維持在同一個話題上或是跳躍式？以倫倫的例子來看，當時倫倫的語言能力尚在簡單對話的階段，當別人說一句話時，是可以回一句相關的話，但如果別人再多說了什麼，倫倫就會愣在那，不知該接什麼才好。所以當爸爸要求他要跟阿公說十句話才可以拿開話筒時，倫倫的直覺反應就是把同一句話講十次，這是孩子解決困境的方法。為了不要造成孩子太多這樣的困境，父母或是教學者應該細細觀察孩子目前的語言能力階段，並為孩子設定符合能力的階段性目標，讓孩子在有自信又略帶挑戰的情境中學會正確的溝通方式。

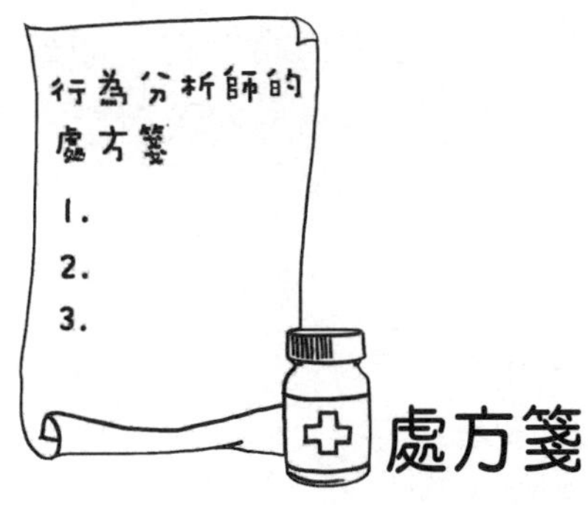

在倫倫身上的應用

1. 對話──從描述開始（Skinner, 1957）

倫倫初期雖有口語，但講的句子常是片段的，所以即使他有與人溝通的意圖，但因為不易被理解，當對方聽不懂的時候，對話就會中斷，不但倫倫得不到正向的回應，對方也覺得無趣。為了讓倫倫最終可以跟人自然對話，我們先教導倫倫把要說的話講得正確、講得完整。於是我們讓倫倫看著圖片練習描述內容，最初倫倫只侷限在講出圖片上能看到的內容，像藍色的牙刷、牙刷上面有牙膏等，後來倫倫開始學習描述看不到的，例如：牙刷可以拿來刷牙、吃飽飯要刷牙等。之後我們再逐步加長倫倫的句子長度和完整性，為倫倫與人對話打基礎。

2. 保持彈性讓對話更自然（Donley & Greer, 1993）

有些孩子已經太過習慣於答話，如果只以孩子說話的內容來看，會認為孩子的語言能力很好，但語言的使用除了答話之外，起始一個話題也是很重要的能力，在自然情境中常是兩者不斷交錯進行。因此我們幫倫倫練習在對話中可能扮演的不同角色。我們做了兩張提示卡，一張寫「問問題」，另一張寫「講一句話」，在對話開始時，先選出一張有情境的照片作為交談主題，倫倫要按照隨機抽到的提示卡做出回應，如果抽到「問問題」，倫倫就要問一個跟情境照片有關的問題（例如：「為什麼小朋友看起來很開心？」）；如果抽到「講一句話」，倫倫就要針對情境照片的內容說一句相關的話（例如：「弟弟躺在草地上」），不論是問問題或講一句話，教學者會接著倫倫的話給予適當的回應，這樣就完成了一回合的對話。起初先從一來一往一回合開始，等到倫倫都已經很熟悉句子的結構，表達也有了自信之後，再延長對話的長度，從一回合漸漸拉長到兩回合、三回合，最終可以持續對話五回合以上。

3. 轉往真槍實彈的對話現場（Baer, 1999）

因為大人了解孩子的困難，所以若孩子表達不清楚時，大人會試著猜測並給予回應。但如果同樣的狀況發生在同儕中，其他的小朋友可能會因為聽不懂就跑掉了，導致孩子愈來愈沒有機會練習。但孩子最終必須回到與同儕互動的情境，因此在倫倫學會與大人一來一往順利對話後，我們試著讓倫倫開始學習跟同儕對話，先從點心時間開始，讓倫倫在輕鬆的氣氛下，開始聊一些有線索的話題，例如詢問同儕今天吃什麼點心、是誰買的，並向同儕解說自己帶的點心是什麼，甚至可以問同儕要不要一起共享點心，協助他把學會的對話能力應用在自然情境中。在練習與同儕對話時，只要倫倫有互動，就能讓雙方產生正面的感受，如此便增加日後互動的可能性。

3
擦出互動的火花

遊戲這條導火線

想從小到大所接受的體制內教育課程，雖有琳瑯滿目的科別，但其中好像沒有一門所謂的社交課，也就是說，對一般人而言，察顏觀色或是感同身受似乎是與生俱有的能力，不需要特別學習。但是仔細想想，能在複雜的社交情境中，迅速地解讀他人意圖，馬上找到適當的回應方式，一瞬間要處理的訊息之多，簡直比登天還難。

但有一群人，由於先天大腦的神經網絡連結失序，無法順利發展出社交能力，要求他們解讀別人臉部的表情，或是站在對方的角度來想事情是困難的，因此常常導致人際關係緊張，沒有朋友，獨來獨往。這樣的孩子，外表完全看不出有任何的異狀，他們的需求不但容易被忽略，甚至會被誤解。由於缺乏社交能力，與他人的互動時得不到正向的回饋，就選擇退縮，但又因為退縮，更喪失了在群體中學習社交的機會，如此惡性循環，最終演變為獨自一人的生活模式。

真正接觸這些孩子後，才約略釐清出一般人們以為是「與生俱來」的能力有哪些，包括對他人叫名的反應、分享式注意力、對話、玩遊戲等。常有父母反映孩子對自己的名字沒有反應，也不愛看人，看物品的時間還算長也能持久，但一遇到人，瞥一眼就已算是難能可貴了。除了對物品的興趣比對人還高以外，孩子也少了透過眼神或手勢與人分享及回應的能力，而這種分享式注意力在嬰幼兒早期就已經開始發展，在患有唐氏症的孩子身上也明顯可見，但在自閉症的孩子身上，分享式注意力的能力卻很有可能遲遲沒有發展出來。分享式注意力的品質已有研究指出是日後語言發展的指標之一，由此可見，提升分享式注意力，是提升孩子社交、溝通能力時首要考量的教學目標。

更進階的社交能力包括對話和遊戲，都需要與人不間斷地一來一往互動，對於自閉症的孩子更是困難，如果沒有事先演練，在腦海中建立「資料庫」，互動循環很有可能在輪到我們的孩子時就中斷了。如果互動中斷次數過於頻繁，會使得原本想跟孩子互動的人漸漸失去動力。對於這類的社交，孩子的困難點不僅需要被理解，更需要被有計畫地教導，再加上重複演練，才能應付變化萬千的各式社交情境。

很多人一聽到應用行為分析（ABA），馬上浮現在腦海的刻板印象就是：應用行為分析是用來教認知的，或是應用行為分析是用來處理中重度的孩子，其實近年來，已在專業期刊上刊登了許多透過應用行為分析訓練社交技能的成功案例，只要抓到應用行為分析的教學原則，就可以設計出活潑又有效的社交課程喔！

不關我的事

小哲很喜歡會發出音樂的玩具，可以獨自一人坐在椅子上長時間地玩，除非玩具發不出聲音了，才抓著旁人的手，頭也不抬地放在按鍵上，期望下一秒鐘音樂再度出現。對他而言，別人的手不是一個人的手，而是可以使玩具繼續發出聲音的「工具」。或者當旁人被什麼東西嚇到而發出驚叫時，小哲也不會有好奇心，觀望一下看發生了什麼事，只是低著頭繼續玩手上的玩具。總之就是「冷冷的」，一副事不關己的樣子！

在小哲的世界裡，他全副的專注力只在物品上，周遭其他人的情緒或是意圖，完全不在小哲的腳本中，因此，不論他人或物品，對小哲而言都是同等的。但是一般的孩子從很小的時候就開始對人的興趣大於對物品的興趣，那是因為旁人給予的回應所獲得的樂趣遠大於沒有生命的物品，因此有了分享式注意力（Joint Attention）。分享式注意力以簡單的方式來描述就是：孩子的注意力，在物件和分享對象之間來回交錯的狀態，包括回應他人和主動起始兩部分，當孩子拿起自己手上的物件向他人展示，就是主動起始的分享式注意力，例如孩子看到天上的飛機時，會說：「你看，飛機耶！」

如果孩子能順著他人的眼光去看別人看到的事件，就屬於回應他人，例如當媽媽看到蜘蛛露出驚恐的表情時，孩子會朝媽媽所注視的地方看去。

一般孩子在發展過程中，分享式注意力很早就出現，甚至早於說出第一個字的年紀。但是有些孩子，通常只專注在自己手上的玩具或活動，對於周遭他人的示意完全沒注意到，或者當手上有什麼新奇的發現時，習慣一個人默默地享受。這些孩子先天造成的困難點，若能在早期找到適當的方法，提供模擬自然情境且足量的學習機會，減少他們與人互動時受挫的可能性，進一步讓他們從中體會與人互動的樂趣，就能增加他們與人互動的頻率和主動性。

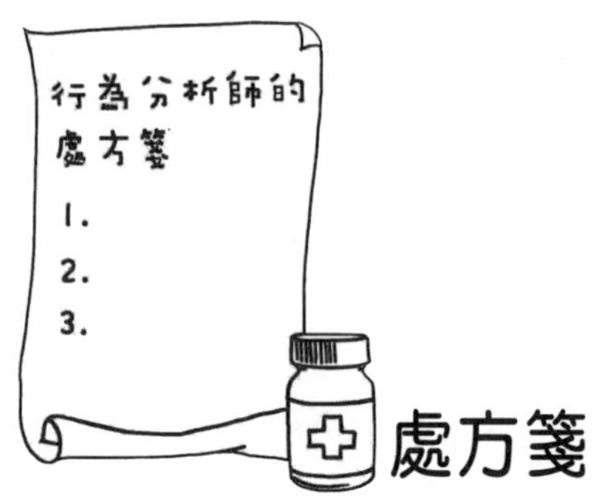

處方箋

在小哲身上的運用

1. 猜猜看他想要什麼？（Taylor & Hoch, 2008）

為了讓孩子知道了解別人意圖的第一步就是要注意他人的眼神，我們在桌上放兩樣物件，口中說道：「老師想要這個」，同時把視線放在該物件上，小哲要透過追蹤老師的眼神，把正確的物件拿給老師。如果拿對了，我們就會謝謝小哲並鼓勵他；如果拿錯了，就透過手勢的動作連結老師的視線和物件之間，提醒小哲應該觀察的重點所在。一旦小哲能在兩物件之間快速地搜尋並找到正確的物件後，我們便會把桌上的物件加多，讓小哲可以更敏銳地察覺他人的視線所在。這個訓練，初期是在桌上以近距離的方式呈現，但日後會漸漸地讓小哲開始學習觀察他人的視線表情，並搜尋較有距離的訊息，例如：媽媽手叉著腰生氣，眼睛直直地朝向遠處一雙雙丟在門口的鞋子，小哲就能推測媽媽生氣應該是因為大家沒有把鞋子排好的緣故。

2.「你看！」

沒有發展出分享式注意力的孩子，也極少主動分享的意圖，所以最常見的外顯狀態就是低著頭自己玩，自己笑。為了讓孩子了解與人分享的樂趣，我們密切觀察小哲在玩自己喜歡的活動時，可能出現跟人分享的點是什麼，例如小哲喜歡把火車放在斜放的軌道上，讓火車因著地心引力的緣故，加速衝到地上，我們就抓住小哲放手的瞬間，讓小哲抬頭看老師並仿說：「你看！」之後立即讓火車衝下來。因為火車衝下來是一個非常明確且刺激的結果，我們就會跟著小哲一起大笑並有簡短的回應，像是：「哇！」或是「太酷了！」讓小哲理解，看著他人、與人分享可以得到比自己玩還要大的樂趣喔！

總是說負面的事

小天來評估的時候就出現許多行爲問題，他雖有很不錯的口語能力，但口中所說卻多是負面的事物，例如：「我把玉米濃湯打翻了！」「車子的輪胎撞壞了！」顯然這個孩子關注的焦點都在搞砸了的事上。向媽媽詢問了小天在家和其他地方的狀況後，媽媽透露：連媽媽自己在家跟他互動時都是以負面的言語居多，例如：「你不可以玩水！」「你不可以搗亂」，所以在小天眼中所見的盡是負向的行爲，所聽見的也全是負面的言語，因而養成了專注負面事物的習慣。我們也觀察到當小天說出負向言語之前，會看著大人，如果大人有回應，不論是斥責他、制止他，或是好言相勸，只會讓小天說得更多、更勤，看來這是小天與他人互動及引起注意的方式。

行為分析師的話

從小天的故事中可以看到，小天說負向言語的主因是想引起他人注意，顯示小天有與人互動的動機，只是沒有好的方法，偏偏大人跟他互動時所展現的也多是負向的言語，小天自然就拿來用。雖然小天外顯的行為問題是「說大量負向的言語」，其實這也反映出孩子看世界的角度與內在態度。所以在思考介入方法時不應僅僅著墨在如何減少負向的言語，同時也要教導小天去欣賞生活中美好的部分。每一件事物本身都有好的一面與不好的一面，如果都以負面的角度去看，自然所言所行就會以負向的方式外顯出來。正向與負向的思緒時常都在每個人的心中拉扯，像一場拔河賽般，我們的策略就是要教導孩子如何拉贏心中的這場正向思考與負向思考的比賽。在自然情境中若多說正向的話，便會增加他人與小天互動的意願，間接提供小天更多學習社交互動的機會。

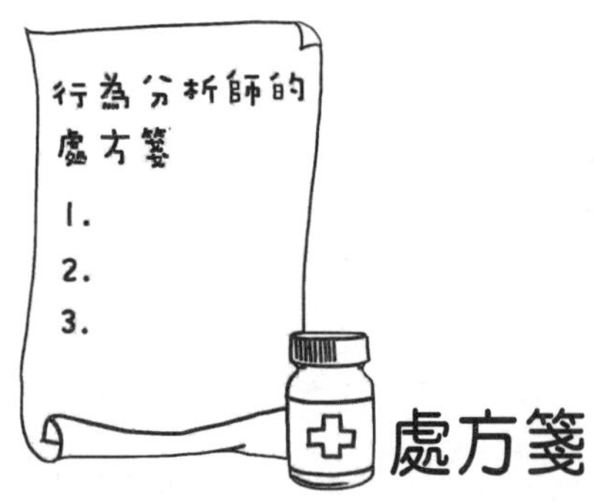

在小天身上的運用

1. 多看見美好的事物（Dixon, Benedict, & Larson, 2001）

為了改變小天看世界的角度，我們決定讓小天學習去觀察事件美好的那一面，所以老師帶著小天去觀察同在教室內的小朋友，如果正好有一個小朋友好好地坐在椅子上上課，老師就指著那位小朋友請小天觀察，同時也讓小天仿說一句讚美的話，例如：「他坐在椅子上認真地上課！」每天製造至少 20 次的機會，讓小天浸淫在正面的行為和言語中，只要小天願意跟著仿說讚美他人的話就會得到增強。一旦小天可以很穩定地仿說讚美的言語後，就給予小天獨立的機會，讓他把在仿說階段所學會的讚美言語主動地用出來，只要小天主動說出讚美的話，老師給的鼓勵可像是中了頭獎一般熱烈呢！

2. 忽略負向的言語
（McComas, Thompson, & Johnson, 2003）

另一方面，如果小天又說出了負向的言語，我們就採取忽略不回應的方式，也不跟小天有眼神接觸。實行一段時間之後，小天說負向言語的頻率剩下不到十次，而且主動說出讚美他人的言語也開始出現，雖然次數還不頻繁，句子的變化度也不大，但至少這是一個好的開始，顯示小天的眼光正被調整朝向正面的行為上！

我都自己玩

小威是一個會以口語表達的孩子，也很會玩玩具，甚至也能玩假想性遊戲，但在遊戲時間總是一個人拿著車子玩，即使和另一個也喜歡車子的同儕在同一個區域裡，頂多只是望過去，看看他人手上的車子，但不會主動要求要一起玩，或者邀請他人加入自己的遊戲，看不到一般孩子常湊在一塊兒七嘴八舌談論手上玩具的情景。

有些能力不錯的孩子，可以用口語表達，也會玩遊戲，但常常侷限在自己玩自己的，或者只跟大人互動，缺少了小孩子自然玩在一起的經驗。遊戲看似是孩子成長過程中的「本能」，但有些孩子卻需要一步步地教導才能學會遊戲時微妙的互動。例如：玩遊戲時通常需要輪流，所以要有輪流的概念，也要能等待；玩遊戲必定有輸有贏，贏了當然開心，但如果輸了遊戲也要學會接受；有時和人一起玩比一個人玩還好玩，這時就要學會與人合作。學會和他人玩遊戲的技巧，可幫助孩子在團體中更有機會與同儕來回互動。

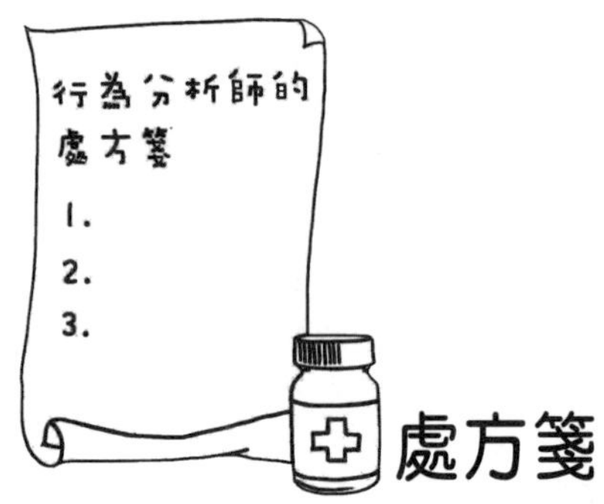

在小威身上的應用

1. 向同儕要求喜歡的物品（McGee, Almeida, Sulzer-Azaroff, & Feldman, 1992）

對孩子而言，除了親近的家人以外，大部分的人對孩子而言都是中性，也就是既不討厭也不特別喜歡，除非在初期的互動過程中有被欺負的經驗，才可能對欺負者產生不好的連結。小威是屬於前者，每個人對他而言都一樣，沒有特別的喜好，為了讓他開始對同儕產生好感，我們請同儕拿著小威喜歡的玩具，當小威想玩玩具時，請小威向同儕表達，並由同儕拿給他，透過這樣多次的連結，小威在不知不覺中開始對他人有好的感覺，不但主動靠近小朋友，也會三不五時抬頭看看同儕，有時甚至還會伸手拍拍別人呢！

2. 學會玩輪流遊戲（Koegel, Koegel, Frea, & Green-Hopkins, 2003）

一開始，我們先教小威玩會十種有規則的輪流遊戲，例如形狀薑餅人、掛猴子、投錢幣等，各種遊戲有不同的玩法，不但讓小威學會多種遊戲的規則，同時也讓小威因著不同的玩具組學會輪流、等待這些基本遊戲技能。最初是老師跟小威玩，所以老師的角色是教導者也是玩伴，若小威急著玩忘了要輪流，老師就會要求他等待，等到老師玩完了才讓小威繼續，透過多次的練習，小威對遊戲規則愈來愈有概念，遊戲更能順利進行。一旦小威學會玩遊戲，我們就加入同儕，這時同儕就是玩伴，老師退為協助者的角色，讓小威把跟老師學會的遊戲技能用在跟同儕的互動中，最終演變為同齡孩子一起玩遊戲的自然景象。

3. 合作，另一種樂趣（Bay-Hinitz, Peterson, & Quilitch, 1994）

一旦小威學會了跟同儕一起玩輪流遊戲，我們更進一步地教導小威與同儕玩合作遊戲。所謂合作遊戲就是：兩人使用同一組玩具組，讓孩子一起完成一個成品，例如：一起用積木搭出城堡，或是一起用平衡木蓋出基地，在搭建的過程中，引導孩子使用語言去跟同儕討論要蓋什麼、在遊戲中請求協助，也學習正確回應。我們發現，小威在遊戲中愈來愈自然地使用語言，像是：「你要放這裡啦！」、「快來幫忙」、「剩下最後一個」等在遊戲情境中的自然對話，著實令人興奮！

4. 夥伴制度（Koegel, & Koegel, 2006）

大部分的孩子通常很自然地就能跟志趣相投的人成為好朋友，但是對於有社交困難的孩子而言，有一位好朋友卻不是一件容易的事。因此我們刻意把兩位小朋友配對成「夥伴」，讓他們在活動時儘量出雙入對，不單單只被動等待孩子起始，教學者在自然情境中就大量製造兩人互動的機會，包括：團體教學時坐在隔壁、手牽手一起去洗手、點心時間一起分享、常常跟夥伴說話及讚美夥伴的好行為等等。久而久之，這對夥伴自然而然發展出好的友誼關係，小威常常指定夥伴一起玩遊戲，甚至到後來彼此都視對方為最好的朋友呢！

哪裡錯了？我不懂？

小榮已滿6歲，是個能力不錯的孩子，能用完整的句子要求，也有極佳的描述能力，與人對話也能維持在一定的主題和長度上。認知能力更是無話可說，已經能認得大量的國字，可自己閱讀，數學能力也有小學二年級以上的程度。對大台北市的捷運系統瞭若指掌，最大的樂趣就是告訴別人從哪裡到哪裡需要如何轉乘，又會經過幾站。乍看之下，似乎小榮在團體中應該沒有什麼大問題，但相處過一陣子之後，就會發現，小榮常常做出不符合當下情境的動作，例如當老師在幫別人上課時，小榮會一直靠過去跟老師分享他的發現；或者在上畫畫課時會一直大聲說話，這些例子都顯示小榮對於周遭情境的訊息搜尋不足，導致出現不適切的行爲。

相信上述小榮的例子，曾經跟這些孩子接觸過的人或多或少都能感同身受，這也是為什麼這些孩子被人稱為「白目」的主因。記得在美國影集「實習醫生」（Grey's Anatomy）裡看到一位外科女醫生，在一位呈現腦死狀態的女孩家人面前，不斷提及要趕快捐贈器官進行移植，否則器官就不能用了等等。這位醫生完全無視於全場哀傷的情緒，一味地理性分析現況。影集的劇情當然難免過於極端，但一般而言，若是能力不錯的孩子，邏輯觀念都非常強，但對於人情世故上的理解與適當的反應，卻是極需被教導的一環。幫助他們去描述情境，理解現況，接著給他們幾種正確反應的方法和明確的步驟，透過大量的練習，才能讓孩子學習理解別人內心看不到的情緒與想法。

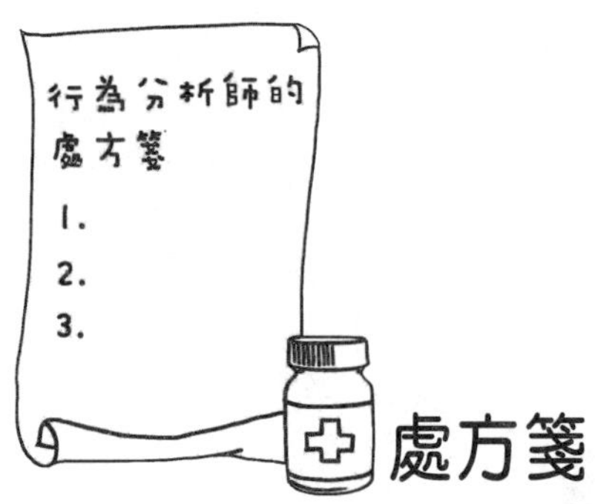

在小榮身上的運用

1. 社會性故事（Smith, 2003）

社會性故事（social story）是透過短文故事的方式，讓孩子學會在社會情境中表現正確的行為。為了達成這個目標，故事內容會先描述行為出現的情境，然後清楚指明該有的正確行為，最後寫出正確行為出現後，周遭的人的反應以及自己本身的感受。藉由反覆地朗讀故事，再加上演練，讓孩子可以在自然情境中提醒自己做出正確的行為。我們為小榮寫了幾個相關的社會性故事，讓小榮可以在情境發生之前先演練過，然後在隨後的正式情境中立即運用。

編寫社會性故事的三大重點：

行為出現的情境	該有的正確行為	周遭人的反應及自身感受
玩團體遊戲時	我安靜地坐在椅子上等，看到別人表現得很好，我說好聽的話讚美別人，	因為我好好地玩遊戲，老師和小朋友都很喜歡跟我玩，我也覺得很開心。

玩團體遊戲時，我安靜地坐在椅子上等，看到別人表現得很好，我說好聽的話讚美別人，因為我好好地玩遊戲，老師和小朋友都很喜歡跟我玩，我也覺得很開心。

2. 錄影帶教學（Nikopoulos, & Keenan, 2004）

相較於社會性故事是以靜態的方式呈現，錄影帶教學（video modeling）就是以動態的方式把孩子的行為錄下來。為了不讓過於好面子的小榮看到自己不好的行為，我們特地向父母詢問小榮出現不當行為的情境，經過討論和修正，老師自己當主角演出兩個版本：不當行為版和適當行為版。不當行為如：小朋友看到媽媽在講電話，一直跑到媽媽旁邊問東問西，並且大聲說話。同一個事件的適當行為就是：小朋友看到媽媽在講電話，先在一旁安靜地玩，等到媽媽掛了電話，才跟媽媽說話。我們同時播放兩個版本的影片，讓小榮觀察，辨識出哪一個版本才是適當的行為，然後請小榮模仿影片內的適當行為加以演練。因為小榮的理解力佳，可以把觀看到他人發生的事反映在自己的行為上，進而能夠改善自己的行為。由於小榮的行為有了改善，也適切地運用在社交情境中，因而從社交情境中得到更多正向的回應，大大增加了小榮與他人互動的美好經驗！

4

心的迷宮

找到情緒該有的出口

有情緒，是件再正常不過的事，既然每個人都會經歷，情緒就沒有所謂「好的」或「壞的」之分，只在於表達是否適切。話雖如此，身為父母或老師，總會遇到一些孩子因為情緒上的失控而無法招架，導致兩敗俱傷的狀況。有些口語能力好的孩子們在負面情緒下會口出惡言，口語能力弱的孩子們只能透過行為（例如：倒地哭鬧、破壞、攻擊、自傷）來表達內心的不滿，而父母們的情緒也跟著孩子一同起伏，一開始雖然不捨或心疼，想要安撫，但在無進展與挫敗中也會誘發出父母的負面情緒，造成一個惡性的循環。到底孩子的這些情緒是從何而來？我們又能做些什麼來幫助孩子跳出情緒的漩渦？

從我們為無數的父母和老師們開辦的演講中，透過分享及討論，發現大人有的情緒孩子也會有，而孩子有的情緒大人也曾經感受過，也就是說無論是哪個年齡層，或擁有哪些能力，每個人都會經歷開心、興奮、滿足、驚喜等的正向情緒，也會有憤怒、忌妒、焦慮、害怕、悲傷等的負面情緒。這些情緒的來源，可以從三個層面來探討，包括生理、心理以及環境層面。許多泛自閉症的兒童，同時伴隨著許多的生理狀況，像是消化系統不適或是睡眠品質差，最常見的就是對感官刺激的過度敏感，這些都是讓孩子會有強烈情緒反應的因素。也有一些孩子，他們負面情緒的源頭是來自於心理的層面，就如孩子好勝的同時，又偏偏是個完美主義者，這下子只要某件事達不到他的標準，情緒就會開始失控。缺乏自信或安全感的孩子也有相同的問題，有的孩子在無自信下會退縮，有的則是選擇以發洩的方式來表示他的憤怒或焦慮。當然，除了要顧及到孩子的生理及心理層面，我們更不可忽視環境所帶給孩子的影響，事實上，環境的因素比心理或生理狀況還要容易觀察，好比當情境轉換，或活動的變動時，孩子因不能適應變化而引發出負面情緒；當媽媽生了弟弟或妹妹之後，忌妒心讓平時個性溫和的孩子變成一個成天哭鬧和反叛的小惡魔。

孩子的情緒問題往往是父母最困擾也最想要快速解決的，因為嚴重的情緒帶來的負面影響很多，其中包括了情緒的延宕、孩子的學習成效以及人際關係。但父母該如何應對孩子的情緒問題，和教導孩子如何管理自己的情緒其實是兩回事。如果我們分別來看會發現，雙方都有必修的功課。從多年與父母們接觸的經驗中，我們發現父母的觀念及態度是影響孩子行為表現的關鍵，父母們若是做了足夠的「情緒」功課，有時候，孩子的情緒在嚴重爆發前便能緩和下來，甚至還會願意接受父母的引導，達到情緒管控的目標。

情緒會互相影響，因此在教導孩子如何管理自己的情緒前，我們建議父母和教學者先提升自己的「情緒條件」：

情緒條件一：接受孩子的情緒

當孩子表現情緒時，避免說：「這有什麼好難過的？」或「不可以生氣！」等話，因為當孩子的情緒被否定時，原本的負面情緒更被附加「你不了解我！」的負面情緒，這時候孩子的狀況會更難處理，因此，這時父母們需要做的，就是讓孩子知道你接受他。

情緒條件二：不講道理

在孩子有情緒時講道理，是自找麻煩，人在氣頭上是無法靜下心來聽別人所說的話，不但達不到預期的效果，甚至如火上加油，到最後父母只會對孩子的反應更懊惱；事實上，不是不能講道理，而是時機點對不對。

情緒條件三：示範如何表達自己的情緒和調節方法

別期待只用說的，孩子就會知道該如何做好情緒控管，用說的太抽象，還不如用「看的」來得具體。利用生活中的情境，當某事件引發出情緒時，在孩子面前說出你的感受，例如：「怎麼拿都拿不到櫃子上的碗，我好生氣。」再示範如何應對，像是請爸爸幫忙拿，或是搬個椅子站上去。長期示範的累積之下，孩子除了可以增加他情緒的詞彙外，還可以連結引發情緒的事件，找到解決問題的方法。

情緒條件四：觀察孩子的「點」

有哪些「點」是引爆孩子情緒的地雷？透過仔細地觀察，你一定會發現孩子特定的情緒模式，例如什麼事、什麼時候或地點會使他焦慮；他快爆發前的肢體動作、說話的內容或表情，以及他情緒失控時所需要的特定緩和方式。一旦孩子的「點」被我們摸清楚了，要避開地雷就簡單多了！

情緒條件五：鼓勵自發性的情緒控管行為

對孩子來說，要掌控自己的情緒真的有它的難度；孩子需要被注意到他正在努力地學習，父母除了要睜大眼睛、細心地察覺孩子的改變外，還要不吝嗇的為孩子歡呼！

當父母或教學者做足了功課，達到基本的情緒條件時，有些孩子就會因為互動方式的改變，他的情緒也跟著從沸騰的水慢慢地轉為溫水；有些孩子甚至不需要任何其他的處理策略就能有較平穩的情緒！當然，也有一些孩子還是需要學習取得處理自己情緒的工具，才能學會控管的能力，我們一起來看看以下的例子。

我不能接受錯誤！

俊俊一個人坐在教室的角落堆著樂高，不時地發出哎哎叫的聲音，老師走向前一看，才發現俊俊是因爲沒辦法將樂高疊起來而發脾氣。又有一次，俊俊想把一個大的積木放入小盒子裡，他執意地想完成這項不可能的任務，在無法順心的情況下，他的情緒開始爆發，抓傷自己的鼻子和臉。這樣的情況已有好長的歷史，幾乎每天都會上演類似的劇情。在家裡，爸爸媽媽只能任由他發洩，對他容易受挫的情緒愛莫能助；在學校，發洩情緒過後的俊俊並沒有好轉，老師發現他全面性地在各個情境裡的挫折忍受度都相當低，有時遇到挫折時甚至還會開始攻擊老師，把老師抓傷或咬傷。

挫折忍受度低，抗壓性低，在現代的孩童身上是一個普遍的現象，只是，對自閉症的孩童而言，因缺乏自我控制的能力，他們的情緒反應更為明顯，強度也較大，這些情緒都可能導致更嚴重的行為問題，最常見的包括自傷、傷人和破壞物品。

從長年與父母們互動的經驗當中我們發現，有一些父母為了想要避免引發孩子的負面情緒，會刻意不讓孩子受挫，認為這樣做才是對孩子最好的對策。然而，就算父母再怎麼保護孩子，等到孩子長大入了社會，在他們人生的道路上，還是會面臨無數的挫折與困難。做父母的沒辦法永遠在身旁保護孩子，若孩子無法承受挫折，或在面對不如意的事時，不知如何處理負面情緒，那麼接踵而至的挫敗感只會導致更多的憤怒，而這些憤怒則會連帶地影響他的判斷力和在各方面的表現，那時候已成年的他，將會更難受控制，破壞力也更強。

這也是為什麼我們強調，在孩子年紀小的時候，父母就要幫孩子學好必修的功課，面對不順心的事，孩子必須學習在自己的能力範圍內解決問題。若無法解決問題時，就要學習尋求協助，或是讓自己可以有彈性，即使做不到也能學會接受。當然，針對在不同認知層面的孩子們，他們該學的功課應該有所不同，好比一個認知能力和語言能力較弱的孩子，他也許無法理解在他身上發生的事，也無法辨識問題和找出解決的辦法，那麼，他的功課就會著重在學習忍耐、尋求協助和行為彈性上。當孩子擁有基本的認知和語言能力時，他必修的功課便會延伸到學習去面對問題、找到解決的方案，或是在挫敗時以適當的方式處理自己的情緒。

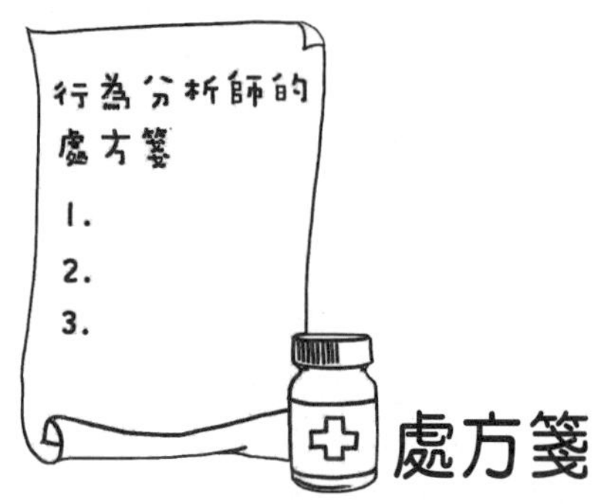

在俊俊身上的運用

1. 我會忍耐（Cooper, Heron, & Heward, 2007）

為了讓俊俊有多一點的練習機會，在上課時老師特別營造大量俊俊可能會挫敗的機會，讓他從中學習忍耐，並另外教導他面對不同的事情時能有彈性。從老師的觀察中發現，俊俊平常上課時會有一些他特定喜歡且一定得如此進行的活動，例如堆積木、堆樂高、投錢幣，或是把物件放入盒子裡等。訓練俊俊忍耐的方式，就是透過這些活動，老師刻意製造一些阻礙，讓俊俊無法如願達成他想要的目的（例如：推倒他正在搭建的積木），或是刻意打亂俊俊平常習慣的模式來訓練他的彈性（例如：阻擋他將錢幣投入撲滿裡，只讓他將錢幣投入撲滿前的袋子裡），只要俊俊在受挫的當下沒有立即爆發出負面的情緒，老師便會鼓勵他的忍耐行為，甚至還會協助他完成他正在進行的活動。一旦俊俊開始能穩定地短暫忍耐後，老師就逐漸把俊俊需要忍耐的時間延長，從一秒至兩秒，甚至更久，經過一段時間的練習，老師發現俊俊在學校的挫折忍受度提升了，就連爺爺和媽媽也反應俊俊在家比以前還能夠忍耐，做事情也不再那麼固執了！

2. 請幫忙（Marcus & Vollmer, 1995）

　　除了要學習忍耐和有彈性外，俊俊可以同時學習以建設性的方式降低他的挫折感，在俊俊還未有解決問題的能力時，老師分析他現階段較適合學習的應對策略是「尋求他人的協助」。但因為俊俊是個無口語的孩子，他當時正開始學習以圖片與他人溝通，「幫忙」的概念過於抽象也較難呈現在圖片上，於是我們教導俊俊以肢體的方式來尋求協助：在隨機的情況下，只要觀察到俊俊開始表現出受挫的徵兆，老師會帶著俊俊的手來拉老師的手表示需要協助，同時替他說出「幫忙」，再協助俊俊解決問題。面對人生各式各樣的挑戰，雖然俊俊還有一段很長的路要走，但是老師們很開心也感覺很踏實，因為我們成功教給了俊俊他往後面對挑戰所需要的工具。

有誰了解我？

小然是個 5 歲無口語的孩子。每當 10:20 分左右，小然就會開始哭鬧，當他情緒一來，一發就不可收拾，他會倒在地上，雙腳互相摩擦到破皮，或是用頭撞敲地板。老師的安撫對他似乎起不了任何作用，小然哭鬧的時間通常都會持續在 20 到 30 分鐘左右才會自動停止。

面對孩子的情緒問題，除非是當下會危害個人或他人安全的行為，需要立即性的處理，其他的狀況，則需要我們耐心的觀察和理解，才能真正地幫助到孩子。在前文裡描述的情境，是一個 5 歲無口語的男孩，也正因為他當時還未建立好一個與他人溝通的方式，因此他人無法知道到底是什麼原因使他崩潰。先前已提到，處理任何嚴重行為問題的最優先考量是孩子和他人的安全，所以當孩子情緒來時，老師會讓孩子躺在柔軟的棉被或玩偶上，防止他傷害到自己的頭部；再來，老師會擋住他磨腳的動作，以預防孩子把腳皮磨破，一直到他的情緒緩和下來為止。

當然，這只是在緊急時刻可運用的應對方式，它並沒有辦法預防孩子下一次的情緒爆發；這也意味著，趕快找出情緒的引爆點才是關鍵。根據我們以往的經驗，當引爆點不明確時，我們會先從兩方面切入；一方面是與父母討論孩子情緒的來源，一同合作觀察是否孩子的情緒有著固定的模式，特定在某件事、某個時間點，或某個人出現時才會被觸發。另一方面，我們會先排除有可能的生理因素，也就是說，有時孩子的情緒並沒有我們想像得這麼複雜，孩子說不定只是單純的餓了、累了、房間太熱，或只是老師今天擦了一款新的香水，讓孩子受到過度刺激的反應罷了！

一同合作和討論固然重要，但光靠討論是不夠的，因為只要是人，都會不自主地加入私人情感和主觀的判斷，模糊了我們的焦點，有時甚至會忽略了真正重要的線索。為了以客觀的角度來找尋孩子情緒的引爆點，我們製作了「情緒記錄單」，詳細地記錄每次孩子情緒爆發的時間、情緒爆發前發生的事件、時間延續多久，以及在什麼情況下孩子的情緒才會穩定下來。持續地觀察與記錄終於顯示了一個固定的模式；無論是在上什麼課或進行什麼活動，小然在每天 10 點 20 分左右的時候情緒都會爆發，這個現象與之前和父母討論的情況有關聯：小然他會脹氣，因此他早上不太吃早餐。孩子的情緒源頭終於真相大白，原來，他是肚子餓了！

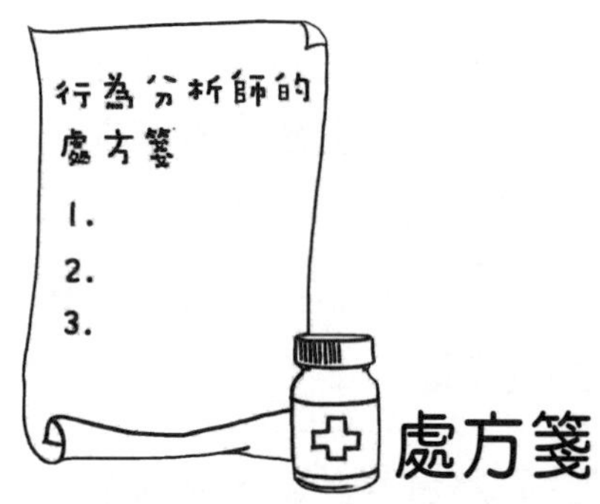

在小然身上的運用

1. 搶先孩子一步（Iwata, Dorsey, Slifer, Bauman, & Richman, 1994）

預防絕對比治療有效，這是我們很確信的觀念。從小然的例子來看，當他一有情緒時，普通安撫或轉移的方式對他一概無用，他一定要發洩完，情緒才會和緩下來，但在這個過程中，若是我們一不小心，小然的動作很有可能會造成無法挽回的傷害，因此，請謹記我們不能以「孩子的情緒來了，我要如何處理？」的方式思考，而是「我該怎麼預防孩子的情緒爆發？」或是「當孩子有情緒的跡象時，我該用什麼方式協助他緩和下來？」以這樣的心態來看待小然的狀況，預防的方式就很簡單，每天在 10 點 20 分前，我們會讓小然吃飽。就是這麼地神奇，小然真的不在那個時間點鬧情緒了！

	星期一	星期二	星期三	星期四	星期五
9:00-9:30					
9:30-10:00					
10:00-10:30	V （音樂課：10:20 開始哭）	V （語言課：10:20 開始哭）	V （社交課：10:20 開始哭）	V （認知課：10:20 開始哭）	V （遊戲課：10:20 開始哭）
10:30-11:00					
11:00-11:30					
11:30-12:00					

2. 看了你就懂（Carr & Kologinsky, 1983）

在溝通篇裡，我們提到要讓孩子擁有自己的溝通工具，無論是口語、圖片、手語或打字都不重要，重要的是他人能理解孩子想要表達的內容。教導小然表達他的生理狀況也是一種預防的方式，一旦他能讓身邊的人知道他怎麼了，只要能被滿足或被理解，孩子的情緒就不會波動那麼大。雖然小然有口語上的限制，但他有模仿的能力，利用他的這個強項，我們教他如何在肚子餓的時候用手語的方式做出「餓」的手勢，同時幫他說出「餓」。小然真的很令我們感到驕傲，他在幾次的連結之後，自己能主動地讓我們知道他餓了，同時還會說出「餓」這字呢！他發現，我們終於懂他了，他是多麼地開心啊！雖然只是一個簡單的手勢，但小然找到了他表達的方式，由餓而引發的情緒也不再發生了！

你們看得到我內心深處嗎？

小岳是很有想法的小孩，雖然他口語能力很好，但他從不說出自己的感受，在教室裡，他會努力地把媽媽爲他準備的點心吃完，就算是臉上已表現出不想吃的表情，還是會逼自己吃完，不願意說出他眞正的想法。

有苦說不出，是小岳常有的心情。雖然他的口語能力好，也很有自己的想法，但他從不說出自己的感受，如果不學會以適當的方式抒發他的情緒，長期的累積只會給他帶來更多的痛苦，且影響他的身心發展，有一天當他無法再應付自己的情緒時，嚴重的程度可能會更難收拾。那麼，教學者該如何引導孩子說出自己的感受呢？既然小岳會說話、也可以透過圖卡來辨識情緒，有這項能力為什麼不用呢？

情緒管理是很多孩子必修的課題，因此我們常看到療育課一定會包含「辨識情緒」的課程。坊間運用的方式有很多種，最常看到的是辨識情緒的圖卡或是透過繪本、社會性故事來教學。有些孩子辨識能力學得很快，看到任何的圖卡都能說出正確的情緒；聽了故事情節或看了繪本的孩子，有一些也能馬上說出正確答案，感覺上孩子應該懂得情緒的概念，但卻還是有孩子無法用在自己的身上，這究竟是怎麼回事？

事實上，辨識及運用本身就是兩回事，千萬別認為孩子知道喜怒哀樂就一定會描述自己的情緒。我們認為，從生活中讓孩子練習連結情緒與事件是最直接，也是最自然的教學方式。學習的方式有很多種，但是我們發現，那些能讓孩子親身體驗的機會是最寶貴也同時是最有成效的。之前在我們提到的「情緒條件」裡，強調了示範的重要性，讓孩子多看和多聽爸爸媽媽、老師在不同情境中說出情緒的詞彙，就算是當下孩子還未有能力說話，孩子還是藉由耳濡目染不斷地在吸收，當他有足夠的能力表達時，他就能運用之前所吸收到的情緒詞彙了。示範還有另一種好處就是，當你說出你的情緒的同時，孩子還能學習理解他人的感受，這將會是孩子往後與他人互動時的一個必備條件！

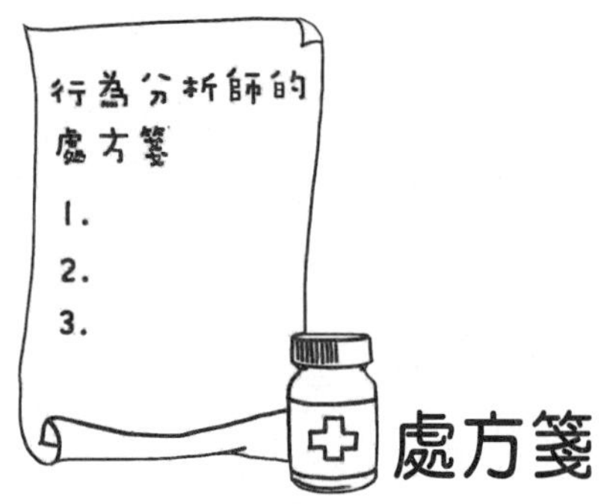

在小岳身上的運用

教我說出來（Saarni, Campos, Camras, & Witherington, 2007）

如果孩子平時就常有接觸情緒詞彙的機會，那麼，他自己主動運用的機率就大很多；不過還是有些孩子需要直接學習套用在自己身上，就如小岳的例子，當我們察覺小岳有情緒時，我們會幫他說出他當下的情緒或想法：

- ⊙ 當小岳吃飽了，讓他跟老師一起仿說「我飽了，我不想吃了。」
- ⊙ 看到點心時，當他露出厭惡的表情，老師會引導他說：「我不喜歡吃這個。」

⊙ 當小岳打開寶藏盒玩具發現裡面沒有球，並露出失望的表情時，請小岳跟著仿說：「裡面沒有球，我很難過。」

⊙ 當小岳跟小朋友玩遊戲贏了，露出微笑時，老師會請小岳說：「我贏了！我好開心！」

教孩子說出他的感受還不夠，就算是孩子學會表達了，但若是聽到的人不接納、不給予關注或以同理心看待，久而久之孩子也不會再做表達了。想想看，當孩子向你表達他的正向情緒時，你可以給他哪些回應？當孩子向你表示他難過、厭惡、不想做某件事時，你回應的方式是否定的，如：「這有什麼好難過的？」還是同理地說：「我知道你很難過，我們來想想看可以怎麼辦。」

有情緒該怎麼辦？

小豪是個敏感的孩子，一些小事情就會讓他有情緒，例如：當老師在上的課他不喜歡、沒得第一名就會難過、不順他的意就會生氣等。當他心情不佳的時候，他就會情緒崩潰，或在上課時說出不適當的話。小豪的媽媽表示他都會跟小豪聊聊發生的事以及可以怎麼做，但是並沒有太大的幫助。

像小豪這樣的孩子很多，大多數都很敏感，喜怒哀樂一定是明顯地掛在臉上，但有些孩子，特別是年紀小的，通常會將他的情緒直接地用動作表現出來，他們缺乏自制能力，無法先思考再行動，這個時候要求他們要像成熟的孩子一樣想出處理自己情緒的方式，甚至是主動性地執行出來，實在是強人所難。

很多父母希望能透過討論或勸導讓孩子學會情緒掌控的能力，當然，若是孩子有基礎的理解力，又是平常就能從「討論」中學習，那也許會有所幫助。但一般而言，擁有自閉特質的孩子，通常理解力都不足，有聽沒有懂；就算是聽得懂，當情緒一來時，他也早已把之前討論的方法忘得一乾二淨，更不用說把這些方法運用在自己身上。還有另一些的孩子能自我察覺和辨識，生氣時會說出自己當下的感受，雖然這是學習掌控情緒的先備條件，但能辨識情緒並不代表著他們會調適自己的情緒，也不代表他就有處理情緒的能力。

我們都能體會在情緒來的剎那，有些情緒會將我們的理性淹沒，對孩子而言，那種力量是這樣地龐大，他們需要的不單純只是調適情緒方法，而是具體、又讓他在情緒當下還會願意執行的方法，以下就是一個成功的案例。

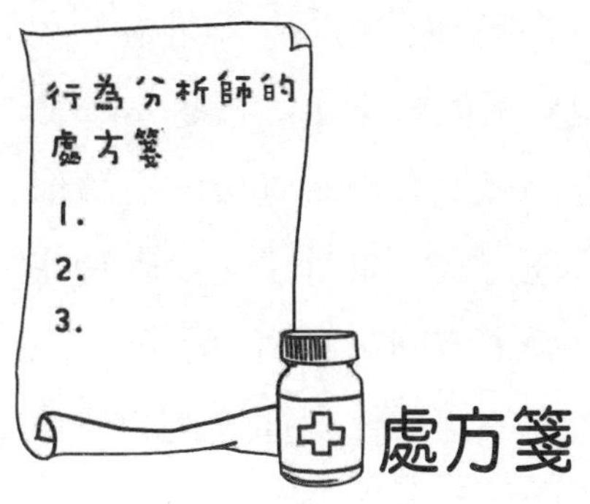

處方箋

在小豪身上的運用

讓我選擇我喜歡的方式

（Peck, Wacker, Berg, Cooper, Brown, Richman, McComas, Frischmeyer, & Millard, 1996）

既然小豪是個很有想法的孩子，他就一定愛主導。我們把主導權讓給小豪，同時提供他方向，讓他自己選擇他想要處理情緒的方式。這個引導方法需要一些小技巧，首先，我們製作了幾張視覺板，分別是 A4 紙的一半尺寸，在每張板子上，我們貼上孩子常有的情緒照片，例如生氣或難過，以填空的字句呈現，像是「我生氣了（照片），我可以__________」，並另外提供兩種解決方案的圖卡讓小豪做選擇

（例：找人說話或在旁邊休息）。一開始，我們先向小豪溝通視覺板的規則，之後每當小豪有情緒時，我們會引導他拿出視覺板，再讓他選擇他有意願的處理方式。進行了這步驟幾次後，小豪發現自己有了方向，知道自己可以怎麼做，同時也有權力為自己做選擇，他的情緒終於找到了出口。

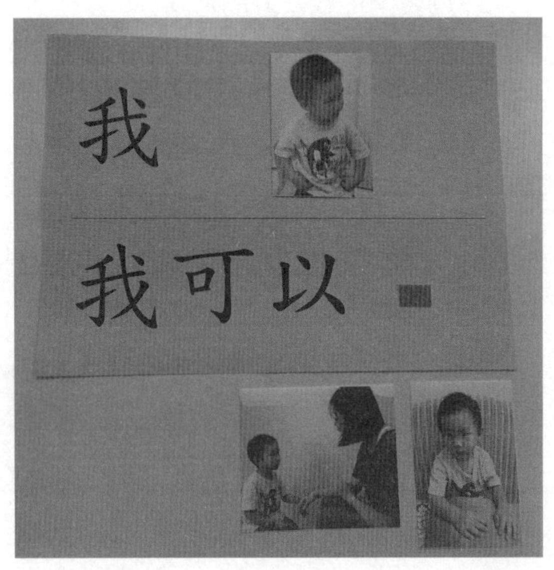

5

你懂我懂他

了解行為背後的密碼

著、沒有彈性、嚴重的情緒爆發、無法適應新的環境、以不適當的方式引起注意、攻擊他人、挫折忍受度低、自我刺激、不了解團體規範、不順從、刻意破壞公物、自傷等等……，孩子行為的清單可以永無止盡，做家長的會懊惱、會沮喪，也會擔憂，想盡辦法要解決孩子的行為問題，有時這些行為不但有增無減，還會轉化為其他的行為，問題到底是出在哪？

每種行為背後都有它的密碼，處理行為不僅是要知道密碼，還要有適當的工具才能解碼，要是密碼不合，工具不對，問題不但無解，有時候還會適得其反。所謂的行為密碼，就是行為背後的涵義，也就是孩子想要透過行為告訴旁人他想要說的話。若能了解他們想說些什麼，就能嘗試找尋適當的工具或方法來引導孩子。

我們的孩子，大多數在表達能力上都有困難，就連那些有口語的孩子，有時也無法準確地說出自己的想法，這時，家長就必須學習透過觀察，從中了解導致孩子出現問題行為的源由。只是，要從何觀察起？孩子的行為可能有非常多種型態，雖然常常一開始最先注意到的，是孩子展現出來的行為，但是在處理孩子的行為時，行為的樣貌並不是那麼重要，行為的涵義反而才是處理行為的關鍵。好比說，一個孩子會打人、尖叫，而這些行為雖然樣貌都不一樣，但如果都只有在上團體課的時候才發生，那麼，打人和尖叫的涵義也許是在說他不喜歡上團體課。另一個孩子，曾經因為用哭鬧的方式就得到媽媽的注意，後來也學會了以敲頭的方式來引起媽媽的注意，這所呈現的也是相同的概念：不一樣的行為，但卻有著相同的意義。所以，要對症下藥，就是要處理行為背後的涵義，而不是行為的表態。

常聽家長說：「他就是會鬧脾氣嘛！看到的就是他倒在地上哭，還有什麼要觀察的？」其實要了解孩子的行為，家長可以從兩個方面開始觀察，第一就是在行為前立即發生的事，家長應特別注意當下的情境。以上述的例子來說，孩子的行為都是在上團體課時或是當媽媽在場時才出現，那麼，很明顯的就是這些行為都跟這兩者有關。接下來，第二就是要觀察行為出現後發生了什麼事，如果每次上團體課，只要孩子打人或尖叫，老師就讓孩子去旁邊休息，那麼，孩子就學會用此方法逃避上課，這些行為背後的涵義則是在逃避；以同樣的方式觀察另一個孩子，哭鬧和敲頭的意義則可能是為了要得到關注。那麼，行為的涵義到底有幾種呢？針對學齡前的孩子，最常出現的行為涵義包括有：需求（生心理或感官的需求）、逃避或自我刺激。

了解孩子行為的原因後，接下來要做的，是要找到適合的方式來處理這些行為。其實，找對方法有個關鍵，若就觀察的角度來看，每個行為在發生前和發生後都有一些情況；也就是說，行為它一定是在某個情境和某個時間點發生，行為出現後也一定會有一些後果會發生，不要小看這些前因與後果，因為孩子的行為就是從這些前因與後果學習而來的。因此，所選擇的策略，可以分為兩大面向，一是事前的準備，也就是調整環境，包括教材的難易度、環境中的干擾、提供視覺的提示、讓孩子有大量參與的機會，和快樂的氣氛等。另一個面向與後果的介入有關，後果也分為兩種類型：自然的後果和社會性的後果。當孩子玩火被燙到時，或者是當弟弟搶了哥哥的玩具，然後被哥哥打了一頓，這些就是自然的後果；而社會性的後果可以涵蓋教導或示範如何小心地使用剪刀，或者是稱讚妹妹在要求時以講的方式來代替哭鬧。

透過觀察找到行為的功能之後，才能了解行為發生的核心，搭配正確的策略後，處理行為問題時更能達到事半功倍之效！

動不動就會打人的孩子

嘉嘉是一個3歲半的小孩，從小就不太跟人互動，自己玩自己的，口語能力只停留在仿說階段，媽媽懷疑他有自閉症傾向的時候，就立刻幫他報名了各種不同類別的療育課程。療育課上了一陣子，教過嘉嘉的老師和治療師們都一致地觀察到他有攻擊行爲，當情緒來的時候，嘉嘉不只會抓老師的臉、破壞教室的教具，甚至還會因爲對其他的小朋友產生敵意而動手打人，這些行爲造成媽媽和爸爸非常大的困擾，爸爸媽媽該講的也講過了，該打的也打過了，但似乎都沒有任何的效用。媽媽常常擔心著：如果再這樣下去，他能去上幼稚園嗎？就算能去上課，老師會怎樣對待他？他的人際互動已經很差了，會打人的小孩一定會遭人嫌棄，這樣還會有小朋友願意跟他做朋友嗎？

每種行為問題背後都有它的原因，原因不同，對待的方式就該不同，因此了解和分析孩子的行為是最優先要考量的。針對嘉嘉的狀況，經過和家長訪談之後，我們發現嘉嘉的生活經驗和大家對他的態度都是負面的。從小，因為嘉嘉無表達能力，只要他不高興就會對他人動手，或破壞東西來表示他的不滿，家長通常會選擇以責罵的方式來處理，當攻擊行為有增無減的時候，爸爸會以回打的方式來讓孩子了解「他人的感受」。在別的環境裡，嘉嘉也遭受到相同的對待，不是受到威脅，就是被恐嚇以阻止他的攻擊行為，這也難怪嘉嘉較難與他人建立好的關係，常常會以為其他孩子要侵犯他而出手攻擊。這顯示負向的教導在嘉嘉的學習經驗中造成了極大的影響，長期下來，這種方式不但不能改善他的行為，嘉嘉也無法從中學習與他人互動時該有的表現。

要解決嘉嘉的行為問題需要考量到幾個面向。第一，先改變環境，打破負面能量的惡性循環；也就是說，唯有做正向的示範，孩子才會加以模仿而對他人表現出正向的行為。在家中，爸爸媽媽可以先從注意孩子的好行為開始，任何孩子平常的好表現，都需要被大大的讚美，被肯定，從中營造孩子和父母之間的正向關係，並製造更多孩子想要有好表現的機會。

第二，人都會有情緒，也都有權利表達情緒，但若是孩子的表達能力不足，他便不能也不會懂得如何以適當的方式表達，因此，對他而言，最直接的方式便是以最快速的方式來反應，所以了解孩子的父母們應細心觀察觸發孩子情緒的點，再即時地幫他說出他的情緒並要求他一同仿說，例如，當孩子正在玩玩具，而媽媽叫他收玩具準備吃飯時，孩子很生氣，在孩子準備要破壞東西前，媽媽可以立即擋住孩子並幫孩子說：「我還想玩」。為了讓孩子學會以說話的方式來替代破壞行為，媽媽必須先滿足他的需求，讓孩子理解原來用說的可以達到一樣的目的，等到穩定後，媽媽可以再設立規則。

最重要的是，懲罰是無效的，因為它若是有效用，孩子就應該不會再打人了，在嘉嘉的這個例子裡，懲罰不但無效，還引發了很多的後遺症，嚴重的影響了嘉嘉往後的人際關係。

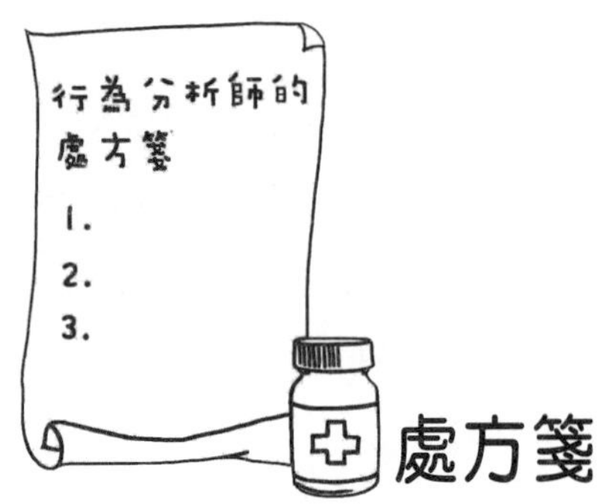

在嘉嘉身上的運用

1. 讓他喜歡同學（Koegel & Koegel, 2006）

為了要減少嘉嘉對同儕的敵意，同時增加與同儕正向的互動經驗，我們營造許多嘉嘉能與同儕接觸的機會，無論是自由活動、玩遊戲，或吃點心的時間，只要嘉嘉在同儕附近，我們便會呈現嘉嘉喜歡的玩具或點心，讓這種開心的感覺和同儕一起做配對；久而久之，同儕的出現帶給了嘉嘉歡樂的感受，嘉嘉也愈來愈願意主動接近其他小朋友，不但如此，同儕們對於嘉嘉負面的印象也漸漸的淡忘了。

2. 預告別人的善意（Smith & Iwata, 1997）

每當小朋友想要跟嘉嘉一起玩或伸手向他借玩具時，敏感的嘉嘉以為別人要對他動手，而他的第一個反應就是出手打人。針對這個行為，我們為嘉嘉設定的第一個學習目標，就是特別請 A 老師帶著同儕邀請嘉嘉一起玩，在邀請之前，B 老師會阻擋嘉嘉的手，同時告訴他：「小朋友要來跟你一起玩了」，這時，當同儕嘗試接近或碰觸嘉嘉，若是嘉嘉沒有出現攻擊行為，就立即得到增強。一旦嘉嘉的行為穩定後，便退除肢體阻擋，再漸進地退除預告的步驟。才練習幾次，搭配「***讓他喜歡同學***」所提供的正向經驗，嘉嘉打小朋友的行為明顯減少，主動接近同儕和拿玩具跟小朋友分享的次數也愈來愈多了。

3. 忽略他的不好
（Lerman, Iwata, Shore, & Kahng, 1996）

在教室裡，嘉嘉的破壞行為通常是在被要求時會發生，譬如，當老師說：「要回座位上課了」，嘉嘉就會破壞他手邊的玩具、將教具撥到地上，再看著老師大叫，若是當場回應他，那只會更煽起他的怒火，破壞的行為愈演愈烈，有時甚至演變成動手打人。老師以「忽略」作為處理的方式，忽略的步驟就是，當嘉嘉一出現破壞行為，老師就將他正在玩的物件從他身邊移走，老師面向其他方向，不做口語上的回應、沒有眼神接觸，也不做任何互動。等到嘉嘉自己冷靜下來，老師才轉向嘉嘉，並再一次地呈現先前給予的指令。一開始實施忽略的策略，孩子的行為通常會先經歷一個爆發期，看似愈來愈嚴重，這是孩子在測試我們的底線。嘉嘉也經過這個爆發期，後來他察覺到他的行為並不能引起老師的注意或反應時，嘉嘉開始學會克制自己的行為，有幾次嘉嘉已經把東西拿起來準備要摔在地上，竟然突然停住，還把東西慢慢放下，再回座位上課。另外也有幾次嘉嘉已破壞了玩具，但看到老師持續都沒有反應，他會在冷靜後自己將玩具收好，主動回到座位上準備上課。實施忽略後的第 18 天開始，嘉嘉的破壞行為在教室裡已不再出現。

不喜歡上課的孩子

學校來了個新學生，一個4歲的小男孩名叫阿得，他沒有口語，表達能力也有限，老師花了一些時間跟他建立關係之後，準備開始評估阿得在各個領域的能力。因爲之前已經建立好關係，阿得在評估時很願意配合老師，過程也很順利，直到老師拿出一疊圖卡，爲的是要評估阿得的認知能力。阿得一看到圖卡便倒在地上，開始出現極大的情緒，老師在還不了解這個行爲的原因下，只好先暫停評估這個項目。過了幾天，在一次團體課裡，老師呈現另幾張圖卡給小朋友們看，阿得看到圖卡又倒在地上，不肯上課，納悶的老師只好去問爸爸：爲什麼

阿得看到圖卡會有情緒？從爸爸的口中得知，阿得在另一個機構有上認知方面的課，雖然不是很清楚上課過程中發生了什麼事，但爸爸說那裡的老師都會使用圖卡教學，聽了爸爸的描述，老師才開始對阿得這個行爲有了些頭緒。

先前提到，每個行為的背後都有它的功能，拿阿得的例子來說，因為某種原因，圖卡已成為他厭惡的東西，一旦看到圖卡就倒在地上不願意上課，阿得很明顯地是在逃避與圖卡相關的課程。我們經常看到孩子會逃避某些事物，有些孩子不願意吃飯，有些孩子不喜歡做功課，也有一些孩子想逃離人群多的地方，而孩子為什麼要逃避？了解背後真正的原因之後我們才能協助孩子。不幸的是，大多數的孩子無法說出心裡的感受，我們只能透過觀察或晤談來釐清原因。有一些情況，是無法找出原因的，因為最根本的原因可能不是現場可以觀察得到的，這時只能知道孩子想要逃避，在排除感官上的因素以後，推斷可能跟他之前的經驗相關。

其實，很多時候一般人對事情的反應也都跟自己之前的經驗有關，就如上一門英文課，明明就講著一口破英文，老師還誇讚學生講得有多棒，想必那位學生不但是信心滿滿，也一定會很喜歡上那位老師的課；相反的，假設今天有一位學生不小心拼錯了字，老師立刻露出不耐煩的表情，還叫學生罰寫二十次，想必這個學生之後對於這門課的上課動機一定極低。回想自己的個人經驗，是否在學習的這條路上也曾逃避過？是什麼原因讓我們想逃避？我們是不是也應該將心比心地去同理孩子想逃避的負面情緒？

既然經驗對孩子的影響如此大，那麼在孩子學習的過程中，有哪些元素是必須要納入考量的呢？第一個元素，也是最重要的元素，就是要在學習時營造快樂的氣氛，聽起來容易但做起來可需要花費一些心力！老師和家長要隨時留意孩子正向的表現，不時地鼓勵孩子願意嘗試學習的行為和他們所付出的努力。此外，研究也發現，學習環境中若有孩子喜歡的物品或活動，孩子在這樣的環境中學習會誘發出更多的正向情緒。第二個元素是製作生動有趣的教材，舉個例子來說，假設孩子喜歡車子，教材可以環繞在車子的題材上做變化：學習辨識數字的時候，可將汽車的貼紙貼成數字；學習運筆時，讓孩子在紙上描繪汽車能行走的路線，完成後再讓孩子在他所畫的道路上開車；又或者是在學習複製積木的架構時，請孩子模仿你搭建停車場，最後讓他將汽車停好。當你將孩子的興趣融入在教學裡時，你會發現，不但孩子的學習動機提升許多，還能達到學習的效果。第三個元素是簡化學習的目標，把預定要達成的大目標劃分為孩子容易達成的小目標，從一步一步的挑戰中建立他們的自信，獲得成就感。

行為觀察記錄表格一

日期：										
前因 （行為發生之前的環境 / 事件）請勾選	**前因**									
一對一教學時，老師拿出圖卡	V		V		V	V	V			
上團體課，老師拿出繪本說故事		V		V						
上團體遊戲課										
行為發生的地點 請勾選	**地點**									
一對一教學	V		V		V	V	V			
桌上團體課		V		V						
團體遊戲教室										
玩具角										
行為的型態 請勾選	**行為型態**									
倒在地上	V	V	V	V	V	V	V			
哭鬧	V	V	V	V	V	V	V			
打自己										
跺腳		V	V	V	V		V			
結果 請勾選	**結果**									
忽略										
引導學生完成任務										
讓學生休息	V	V	V	V	V	V	V			

[註] 這是記錄行為時常使用的一種表格，這個表格的特色是已預先列出可能影響行為的情境及因素，分別放在前因、地點、行為型態及結果四個類別裡。行為出現時，把所有吻合的情境及因素在第一行內打勾，如果行為再出現，同樣在第二行內打勾，經過多次的記錄後，就可以看出重複的模式。阿得的哭鬧行為大多數都是在老師拿出圖卡時才會發生，然而每次他哭鬧時都可以獲得休息的時間，我們可藉此推測行為的功能是逃避上與圖卡相關的課。

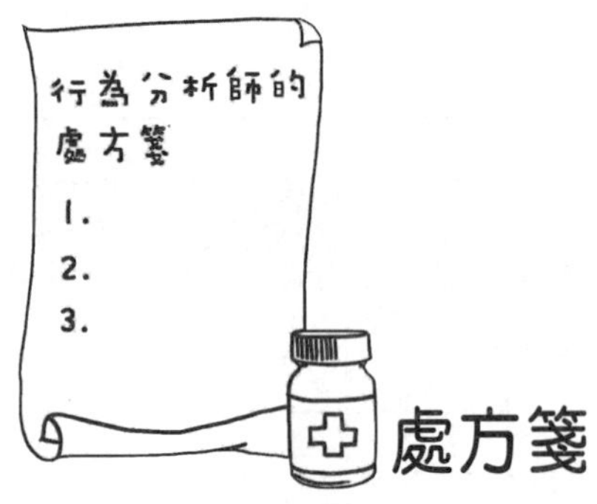

在阿得身上的運用

1. 讓他重新喜歡
（Nuzzolo-Gomez, Lenard, Ortiz, Rivera, & Greer, 2002）

一旦孩子對某件事物已產生厭惡感，就代表他對那件事已有了不好的連結，若要他重新接受，甚至希望他能對那件事改觀，恐怕需要花上一段時間。當然，不好的連結，或不好的經驗時間愈長，要孩子轉換心境和負面的感覺需要付出更多的心力和時間。對於阿得來說，各樣的圖片都會引發過度的情緒反應，更不用說一般的繪本，他從來不主動拿書來看。因此，老師讓阿得重新喜歡圖片的第一步，是在阿得面前呈現一張張的圖片，初期只要阿得願意看一秒鐘，沒出現逃避的現象，老師就會立即稱讚他，讓他休息一陣子後再重複練習以增加他看圖片的意願。漸漸地我們觀察到阿得開始對圖片產生好的印象，當他願意看圖片的時間拉長到兩秒後，也開始會仔細的觀察圖片內的細節，不但如此，這個正向的連結竟讓他開始對繪本有興趣，自己還時常拿書起來看，到最後因為這樣好的經驗，書本竟變成了他的增強物！

2. 喜歡和不喜歡的事物一起學（Wildmon, Skinner, & McDade, 1998）

另一種避免孩子逃避的方式，也是維持孩子能有動機繼續學習的方式，就是將孩子喜歡學習的事物穿插在他不喜歡學習的事物中。借用阿得的例子來看：每當老師呈現一張圖卡後（阿得不喜歡的），老師並不會要求他立刻再看下一張圖卡，反而會先讓他休息一下，在休息的過程中讓他繼續參與學習，例如模仿動作或操作物品（阿得喜歡的），重點在於這其他的課程都是阿得可以輕易達成的，因此他能從這些課程中獲得正向的回饋，當老師又再次呈現圖卡時，阿得就會更願意接受圖卡。

聽到回來上課就說「我不要！」

小淳是一個4歲有口語的孩子，剛來評估時，因爲配合度不佳，只要是不想做或是不會做，小淳就以「我不要、我不要！」來回應，因此很多能力顯現不出。正式開始上課以後，也因爲無法被要求回座位上課以致學習效果不彰，一味沉浸在自己的口語刺激中，無法在沒有情緒下回座位上課，跟媽媽溝通之後發現，小淳不只在這裡上課會不願意回座位上課，在其他上課的地方也一樣，顯然回座位上課這件事對小淳來說已經是一個常見的行爲問題，而且影響了他的學習，因此我們決定以漸進的方式讓小淳重拾對上課的興趣。

孩子不喜歡上課應是很多經驗累積的結果，有時候孩子所有的時間都排滿了療育課程，原本孩子的適應力就比較弱，再加上每個療育課程的時間、地點和教學者都在改變，對孩子來說是很大的壓力。如果再加上學習經驗不佳，有太多的受挫經驗，長久累積下來，孩子不喜歡上課是可預見的。因此第一步我們要先了解孩子行為養成的歷史，找出原因對症下藥。我們發現，小淳在其他地方上課通常一上課就會持續約 30 分鐘左右，而小淳是一個很有想像力的孩子，他喜歡找玩具玩假想性的遊戲，因此回座位上課這件事對小淳而言代表的是：歡樂的遊戲時間結束，同時是漫長課程的開始，難怪讓小淳回座位上課像是一件不可能的任務。如果孩子對於回座位已經有不好經驗的連結，為了要讓孩子重新接受並喜歡就必須一步步來，不能操之過急。先觀察孩子現有的能力階段，以孩子現有的能力為基礎設計目標，讓孩子大部分的時間都可以成功並且得到增強，孩子透過增強重新對學習稍有改觀；待孩子的表現穩定後，再逐漸提升難度。提升難度時也要很有技巧，提升的難度對孩子而言必須要有一些挑戰性，但又不能過於困難以致孩子選擇放棄，或不做回應。所以很重要一點就是，當教學者在腦中刻劃出對孩子的行為的最終目標時，同時要再深入的思考短期目標應如何設置，按部就班地帶著孩子在快樂的學習經驗中朝向最終目標前進！

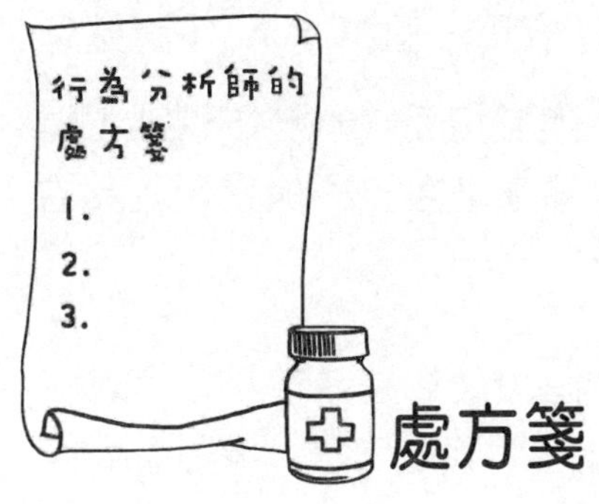

處方箋

在小淳身上的運用

1. 順從一點也不難（Fischetti, Wilder, Myers, Leon-Enriquez, Sinn, & Rodriguez, 2012）

階段一：我們先以小淳正在玩的活動為媒介給予指令，例如小淳正想要玩車子，當小淳手伸向車子時，老師就說：「請拿車子」，若小淳拿了車子，就得到增強。這個階段的目的是：希望孩子可以把教學者給予的指令跟自己的動作連結在一起，而且又是自己喜歡的活動，因此可以提升孩子遵從指令的意願，並為第二階段做預備工作。接著進一步地在活動中給予一個跟活動不相關的指令，例如小淳正在玩玩具，我們會在情境中讓小淳做一件老師要求的動作，像「請給我一個積木」、「請站起來」等，如果孩子配合指令，就給予增強，這個方式主要目的是漸漸地讓孩子能在玩玩具的情境下遵從指令。

階段二：這個階段最終是希望小淳可以在聽到指令後就回座位，但是只要小淳願意回座位並且沒有情緒，就可以馬上離座去玩具角玩當作增強，我們的目的是要讓孩子知道：聽老師的話回到座位上不一定會接著冗長的課程，因此小淳漸漸地可以在沒有情緒下回到座位。

階段三：當小淳沒有情緒地回到座位，老師會給予一個非常簡單的指令，這些指令都是孩子早已經精熟的能力，例如：「Give me five」、「拍拍手」等，如果孩子遵從指令，立即讓孩子可以離座去玩具角玩。

階段四：最後，我們漸漸延長小淳回座後上課的時間長度，現在小淳已經可以在老師說：「回來上課囉！」的時候，立即放下手上的玩具回到座位，並且就能開始進入學習狀況囉！

我的孩子會自我刺激

「我的兒子小偉，常常會做一些重複性的動作，例如他會自己說一些文不對題的話，有時候是模仿電視上聽到的，有時候也可能是老師教的一首歌，他可以一直重複唱個好多次，沒事就會聽到他在喃喃自語或是在唱歌，一開始我和他爸爸都覺得他很棒，記憶力那麼好，一學就會。可是漸漸地我們發現他好像愈來愈嚴重，老師說他的聲音已經造成課堂上的干擾，唱歌的時候也無法專心聽老師說的話，這樣下去，不僅是他沒辦法好好上課，其他的小朋友也會覺得他很怪異，我們該怎麼辦才好呢？」

自我刺激，是自閉症者的其中一項特質，它有不同外顯的類型，有些是與身體動作相關，例如身體的擺晃、搖手、轉圈圈，甚至有一些是自傷的行為，例如撞頭或咬手，都屬於是自我刺激的行為；另外一種類型是與感官刺激有關，在這方面有需求的孩子，他們也許需要透過重複的話語或聲音來滿足他在聽覺上的需求；看著旋轉的電風扇、跑馬燈或開關電燈以滿足視覺上的需求，或者是用手指撿起小垃圾和撥弄水來接收觸覺的刺激，不管是哪一種類型，這些自我刺激的行為都有一些共同點，就是行為會在任何的場合重複地發生，特別是在孩子無聊的時候。但這些行為並不是為了要引起別人的注意，所以忽略它或是將孩子隔離

並不是一個適當的策略，誤用下反而會讓孩子更能在無干擾下尋求自我刺激。如果仔細觀察，會發現自我刺激的另一個共同點，就是這些花大部分時間在尋求自我刺激的孩子們，他們對於一些符合他年齡層的活動一定是興趣缺缺，也就是說，他們寧願在一旁自我刺激；也不會主動地拿一本書來看、畫畫、堆積木或玩玩具，因為來自自我刺激的樂趣，遠遠超過其他活動所能帶給他的快感。

既然自我刺激的產生是為了要滿足生理上的需求，倘若孩子就是有此需求，真的有必要減少或是制止這些行為嗎？父母們又要該如何著手呢？其實，不只是自閉症的孩子才有自我刺激的行為，而是每個人多多少少都有一些，就如用手指轉弄頭髮或是抖腳。唯一的差異性是，一般人有自我控制的能力，能意識到哪些行為在哪些場合是可以被允許的，同時也能控制這些行為發生的次數，但是自閉症的孩子欠缺自我控制的能力，於是這些自我刺激的行為會帶來一些負面的影響，其中包括干擾到孩子的學習，孩子無法專注也無法接收他人給予的訊息，對其他的事物更是沒有興趣……等。此外，針對自我刺激一個較棘手的現象，就是它會隨著時間愈來愈嚴重，也愈難壓制，所以，應該要趁著孩子還小時，重視這個問題，並協助孩子減少自我刺激的行為。

看待自我刺激的行為就如看待任何一個不良行為一樣，可以從兩個面向來處理：(1) 預防；(2) 介入。以我們多年的經驗及現有的文獻都顯示，預防，是勝於治療的，而不是等到行為發生後才做處理，因為那時候孩子不好的行為已獲得增強（已從自我刺激中得到感官上的滿足），就算是介入也不會有太大的成效。上面提到過，通常有大量自我刺激行為的孩子，往往缺乏對其他事物的興趣，也因為缺乏這些興趣和執行活動的能力，這些對其他事物沒有興趣的孩子，在他們無所事事的時候，尋求感官的刺激是一條既快速又快樂的道路。了解這一點後，預防的第一步驟，便是要引導孩子對不同活動有自發性的興趣，讓孩子從活動中獲得滿足感，試想一下：當孩子喜歡看書、玩拼圖或是玩玩具的時候，他們還會需要自我刺激嗎？

當然，對這些孩子來說，原先不喜歡玩玩具的他，現在要他變得喜歡玩玩具，會需要一些時間，因此，在擴充孩子興趣的同時，也可以在自我刺激出現時做一些介入。介入的方式有很多種，有些方式是直接中斷給予感官刺激的來源，好比一個喜歡開關燈的孩子，中斷這種視覺刺激最簡單的方式就是將電源關閉，孩子從開關中得不到他要的刺激時，自然就會停止開關燈的動作。另一種介入方式與轉移注意力相似，也就是當孩子有自我刺激的行為時，老師或家長須立即引導他從事另一項活動，並從中鼓勵他適當的行為。還有一種介入方式，則是幫孩子找到一個替代的行為，也就是一個社會大眾較能接受的行為，而這行為又能給孩子帶來相同的感官刺激，例如：若孩子常常搖晃手，是為了得到本體感官的刺激，那麼家長可以讓孩子學習拍球的動作，學習拍球不但可學會一項運動技能，又可同時提供腕部的本體感官刺激，藉此把孩子自我刺激的行為適當地轉換。不論是預防或是介入，我們建議家長同步進行這兩種策略，既可達到治標又同時治本的效果。

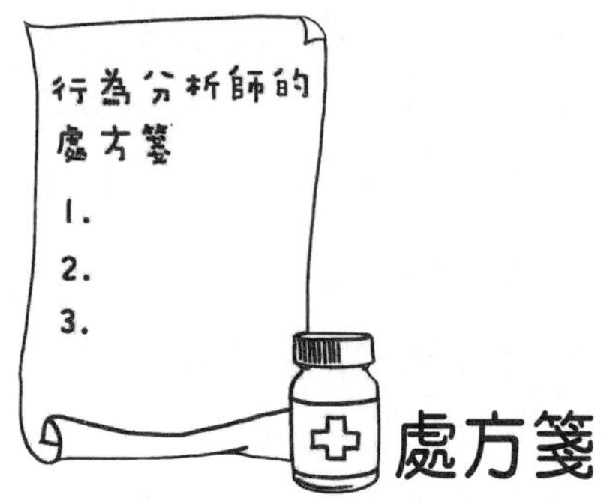

處方箋

在小偉身上的運用

1. 說給他自己聽
（Karmali, Greer, Nuzzolo-Gomez, Ross, & Rivera-Valdes, 2005）

從觀察中，小偉會在各種情境下喃喃自語，在他有這種口語刺激的時候，並不會特別注意我們有沒有在看他，或是要引起我們的注意，他的這個行為只是為了獲得聽覺上的刺激。於是，在可以滿足他聽覺的需求下，老師每一天都會安排一段時間，與他一起進行不同的活動（例如：拼圖或看書），當小偉看書時，任何他主動命名的圖片或拼圖都會受到老師的讚美與增強，而當他開始有口語刺激時，老師會立刻說出與活動相關的事情，並請小偉跟著仿說「我在看書」或「火車拼圖還差一塊就拼好了」，只要小偉願意跟著仿說，老師也會稱讚他。這樣的練習，不僅讓小偉一樣能從中獲得他想要的刺激，同時還能學習在不同情境中說出適當的話語。

2. 以相關的話替代口語刺激（Colon, Ahearn, Clark, & Masalsky, 2012）

第一點所提供的練習是老師們刻意營造的學習機會，我們發現小偉練習幾次後，在進行不同活動的過程中，適當的話語明顯地增加，相對的，他的口語刺激也減少了，但是這些高頻率的口語刺激還是會發生在自由活動的時間，為了協助小偉建立適當的替代行為，同時又能獲得感官上的滿足，老師們以隨機的方式，在小偉一有口語刺激的狀況下立即請他說出符合當下情境的話「翔翔畫了一隻恐龍」或是「成成的積木堆得好高」，再鼓勵他這些適當的言語。現在，就算在自然情境下，小偉發現他不但可以透過說話，得到他想要的刺激，他還很開心的知道會因此受到他人的注意；而老師們替他開心的是，孩子不但因此學會了替代的行為，由於小偉需要注意他環境周遭發生的事件，他的觀察力也愈來愈敏銳了！

到哪都哭鬧的孩子

爸媽和奶奶剛帶華華來ABA教育中心的時候，才剛把華華放下，他就開始哭，豆大的淚珠沒有停過，奶奶看了心疼，媽媽也不捨，於是又順手就抱起華華，並用話語安慰他：「好啦！好啦！」說也神奇，華華一回到媽媽的懷裡就不哭了，可是就再也放不下來，媽媽只得一直抱著他走來走去。

既然來到了早療中心，我們希望孩子能在沒有父母的陪伴下，獨立跟著老師學習，爲了達成這個終極目標，我們觀察媽媽與華華互動的模式後發現：只要華華一哭，媽媽就把華華抱起來，然後華華就會停止哭泣，等到華華比較穩定，媽媽就試著把華華放下來；但只要一放下，華華又開始大哭，

然後媽媽又把華華抱起並安慰他，就是這樣的惡性循環，使得媽媽走不開。跟媽媽溝通之後，媽媽其實自己心裡也明白：有時候華華哭是沒有眼淚的，可見得華華的哭並不是情緒使然，而是用來把媽媽留在身邊的方法。媽媽也很了解自己的孩子，所以願意配合老師打破孩子的行爲模式。

看到孩子哭就馬上給予安慰是人之常情，尤其是為人父母者，很難忽視孩子的眼淚，所以如果滿足孩子想要的就能讓天下太平，何樂不為呢？以上述的故事為例，當華華不想讓爸媽離開時就大哭，然後爸媽會把華華抱起，華華便停止哭泣，因為他停止哭泣，爸媽認為華華的情緒已經穩定了，就把華華放下；一放下，華華意識到爸媽即將遠離，於是又故技重

施發揮哭的功力，爸媽因為不忍，又急忙抱起，因此落入了負向行為的循環當中。

為了打破這個負向的行為模式，我們積極地跟父母進行溝通，把觀察到的行為模式告知父母，讓父母理解孩子行為背後的用意，並溝通我們即將執行的介入計畫。有效的方法必須反其道而行，我們請爸媽把孩子帶來後就先行離開，爸媽非常地配合，沒有欲走還留的猶豫，爸媽離開後，孩子雖有哭鬧，但強度會在一個高峰之後就漸趨和緩，因為孩子開始意識到：哭鬧並不能把爸媽喚回來，最後哭鬧就會失了效果，這就是所謂的忽略。同時，我們也教導孩子獲得他人注意力的正確方法，只有當孩子安靜不哭鬧時才會得到喜歡的玩具和他人的注意力；如果孩子又出現哭鬧，喜歡的東西會馬上被撤離，他人也不會與孩子有互動，甚至也沒有眼神接觸。依此策略一致地執行了兩週之後，華華來到中心時，總是笑得很開心，並能沒有情緒地跟奶奶說 bye-bye 了！

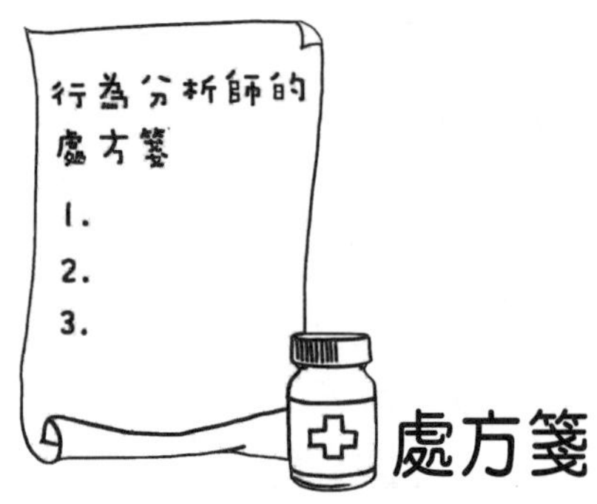

處方箋

在華華身上的運用

1. 察覺大人與孩子的互動模式 （Keenan, Kerr, & Dillengurger, 2000）

首先我們先讓家長知道孩子的行為模式是如何形成的，讓家長察覺到自己的行為原來牽動著孩子的反應，因此家長才能修正自己的行為。經過了跟華華的父母溝通之後，媽媽決定每次送來上課之後就放手讓我們接手，不管華華再怎麼哭鬧，媽媽都不會心軟再回頭抱華華。我們發現這樣調整之後，不但媽媽不用再花極長的時間安撫他，雖然初期孩子會有激烈的反應，試著用各種方法達到先前可以得到的注意力，但因為媽媽能持守先前的決定，孩子便因為哭鬧已得不到注意力，漸漸地哭鬧時間就縮短了。因此敏銳察覺大人與孩子之間互相牽動的模式是成功介入的第一步。

行為觀察記錄表格二

次數	A（前因）	B（行為）	C（結果）
1	看到爸爸	華華哭鬧	爸爸抱起華華
2	華華不哭了，爸爸把華華放下	華華又放聲大哭	爸爸抱起華華
3	媽媽在華華身旁	華華哭鬧	媽媽抱起華華並安撫
4	奶奶陪華華來上課	華華哭鬧	奶奶哄華華不哭
5	奶奶帶華華走進教室	華華大哭抓著奶奶不放	奶奶背起華華

[註]這也是一種常用的行為記錄表格，主要以文字的方式描述行為的樣貌，還有行為發生當時的前因和後果，經過幾輪的記錄，便可以推測出行為可能的功能。以這個例子來看，很明顯地華華是以哭鬧的方式得到大人的抱抱或陪伴，因此我們先以忽略的方式減少華華的哭鬧，再進一步教導華華用正確的方式得到大人的注意。

2. 與孩子所有相關人士溝通行為處理介入計畫（Keenan, Kerr, & Dillengurger, 2000）

開始介入之前，觀察行為發生的前因後果是首要之務，在華華的例子中，透過觀察華華跟爸媽的互動中發現：是他人與孩子的互動模式增強了孩子的行為問題！為了讓孩子可以從介入中獲益，除了在療育現場的教學者之外，父母和所有主要照顧者，甚至是學校老師都能有一致的觀念和處理方式是重要的，也是成功介入的關鍵。因此，在擬定好介入計畫後與所有相關人士做良性的溝通是非常必要的：以深入淺出的方式讓他人理解介入的考量及原則，還有應如何配合，同時，與孩子互動的方式是否需要調整，也是在溝通中應達成的目標。

3. 不哭才能得到喜歡的物品和注意力（Keenan, Kerr, & Dillengurger, 2000）

起初我們在華華停止哭鬧時就增強他安靜的行為，不久後發現稱讚他：「你好安靜喔！」反而提醒了華華哭鬧這件事，不但哭鬧沒有減少，反而次數還增加，於是我們立即做了調整。因為華華很喜歡播放音樂的玩具，因此我們只有在華華不哭鬧時才會呈現音樂玩具，一旦華華開始哭鬧，我們就把玩具的音樂關掉，把玩具收起來，教學者也不跟孩子有互動或眼神接觸。漸漸地，華華了解了自己哭鬧行為跟玩具音樂之間的連結，華華哭鬧的時間愈來愈少，後來我們在音樂玩具呈現時也適時地加入互動在內，讓華華也可以開始對教學者產生好感，為日後的教學做預備。沒想到才不到短短的兩個星期，華華就不再哭鬧，甚至還開開心心地來上課，原本一直不放心華華哭鬧的奶奶，會從頭到尾待在家長區待命，也因目睹了華華明顯的進步而放心地外出呢！

6

認知排行榜

從生活開始

閉症的孩子最大的困難點在於溝通、社交以及重複的刻板行為，認知能力雖也有落後的現象，但只要找到孩子能理解的方式進行教學，對某些孩子而言，不但不是大問題，反而可以超前同齡的孩子。需要特別注意的，應是學會之後，維持並善用的能力。因此我們著重的認知能力，不像一般坊間所強調的如顏色、形狀，數字、注音等與課業相關的能力，我們更重視孩子在日常生活中常接觸，能用到的知識；同時我們也強調讓孩子在自然情境中學，孩子不只學會了，還能用出來，才是對孩子最有幫助的。因此，我們在認知領域著眼的重點有下列幾項：

1. 對於認知，我們重視的是教孩子學習的方法，而不是只教孩子知識本身。學海無涯，若只教知識本身，要教多少才夠？應該也沒有所謂「教完」的時候。但如果我們教的是學習方法，孩子就可以用來學習許多未知的事物。很多父母不明白這個道理，也不了解教孩子學習方法的重要性，因此只是一味地填塞學業上的認知，沒有考慮到孩子本身先天已受限，再加上技巧不足，難怪學得慢、也學得不紮實。

2. 我們非常重視學會了更要會用：很多自閉症的孩子本身視覺的記憶力非常好，他們能一下子記住英文字母或數字，但卻不能活用。比如：孩子對數字很敏銳，甚至還可以算加減，但是卻無法在 7-11 買他喜歡吃的餅乾時運用這個技巧。所以學習目標一定要試著在自然情境中營造，孩子不但學得快也才能正確使用。

3. 有些心急的父母因為評估結果顯示孩子在認知方面明顯落後於同齡孩子，所以加緊腳步地惡補，希望能跟上。但相較於學業上的認知能力，我們更重視生活層面，包括生活常識（例如：學習辨識親疏關係，以及遇到陌生人時適當的應對方式）、邏輯思考（例如：學習辨識並描述事件先後順序、預測後果，進而學會解決問題）等等。

4. 我們重視類化能力，所謂「類化」是指當孩子以一種方式學習之後，可以不同的方式展現出來；像是聽過就會說，或是學會配對物品後自然地就會辨識。類化能力可以加速學習的效率，對於已經發展遲緩的孩子而言，類化能力更是必要的教學目標。

好啊！我跟你走

小森是個能力不錯的孩子，能與人一來一往的對話，但令爸媽擔心的是：他不能分辨親疏關係，也不會察覺他人的意圖。當有陌生人向前問話時，他很容易會順著陌生人的指示去做，不免令人擔憂：如果只有他一個人在場，該如何是好？

我們的孩子在認知能力上只要給予正確的學習方法，足夠的練習機會，很多可以達到跟一般孩子同等的認知能力，甚至更好。但是當要他們在生活中運用這些知識時，就會遇到困難，那是因為在生活中有太多的變數和訊息需要立刻做出判斷，例如：在家裡看電視時可以大笑大聲說話，但若是看現場的表演，就該保持安靜；或是在社交場合與人談話固然合宜，但若談論的主題他人不感興趣，露出不耐煩的表情時，就應該適時地打住或改變話題。我們的孩子對這方面訊息的接收原本就有困難，又要在短時間內整合、分析、做出判斷並正確執行更是雪上加霜。

記得有一個孩子遇到人的時候不知道要打招呼，媽媽認為這可能會讓別人覺得孩子沒有禮貌，因此就訓練他跟人打招呼。經過一陣子的練習，成效的確不錯，孩子在家裡遇到人都會打招呼，連親友來家裡時也能親切地說：「你好！」看似成功的訓練，誰知出了門就看到問題了！原來帶孩子出門散步時，這孩子無論遇到誰都很熱情的打招呼，不管認不認識，也不管那個人在做什麼，有一次，就因為靠得太近，把一個小女孩嚇得躲在她爸媽的身後。這樣的情況應該不陌生，因此最好的教學方式，就是把握每一個情境，先以簡短的方式說明現在的場合，被期望的行為是什麼，然後加以演練，孩子的反應若正確，就給予鼓勵；若不正確，再重演一次情境並帶著他做出正確的反應。為了增加實際演練的次數，教學者要多花心思設計教學情境，才能讓孩子有足夠的練習機會，學會分辨的技巧。

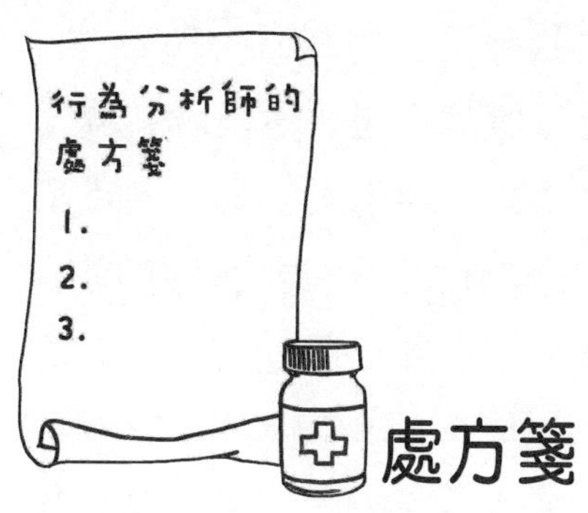

處方箋

在小森身上的運用

從實戰經驗中學（Johnson, Miltenberger, Knudson, Egemo-Helm, Kelso, Jostad, & Langley, 2006）

為了讓小森能在實際的情境中學，我們特地請了幾位小森沒有見過的朋友充當陌生人，我們請「陌生人」去跟小森講話，想辦法製造拐騙的情境，觀察小森的反應，若正確就給予鼓勵，若不正確就與予糾正。有一次，老師帶著小森下樓去買東西，老師假裝接到緊急電話得在一旁講話，告訴小森在原地等他。小森很乖，真的在原地等，但卻等到了「陌生人」，這位陌生人說：「小朋友，你好，我是白老師的朋友，白老師請我來帶你們回去吃點心。」小森確實面有難色，但禁不起「陌生人」再三地鼓吹，最後答應要跟「陌生人」走，這時在一旁假裝講電話的老師立即出現介入，問小森：「你認識他嗎？」小森小聲地答：「不認識」，老師就提醒小森不能隨便跟著不認識的人走。於是我們再重演一次情境，讓小森實際演練一次，這一次，不管「陌生人」說什麼，小森可是抵死不從呢！

我的世界除了玩還是玩

旺旺才一歲多，喜歡跑來跑去，他的世界裡除了玩還是玩，從來沒有經歷過坐在椅子上上課這回事。雖然旺旺有很多技能需要練習，但因爲旺旺根本坐不住，老師只能追著他滿場跑，一堂課下來，不但老師滿身大汗，教學效率也大打折扣……

很多人以為「上課」一定得乖乖坐在椅子上才叫上到課，尤其是提到與認知能力有關的學習，但其實這只是多種學習模式裡的其中一種而已，卻已被大眾認為是既定的模式。有些孩子因為年紀還小，從沒有在座位上上課的經驗，若我們強求孩子坐在椅子上，不但孩子無法在快樂的情緒中學習，連帶地也得賠上師生或親子關係。因此，我們可以透過隨機教學（incidental teaching）的模式，把孩子的學習目標不著痕跡地加在遊戲中。

隨機教學的中心精神就是以孩子有興趣的物品或活動為教材，在自然情境中，教學者隨時掌握每一個相關的學習機會，讓孩子從看似是遊戲，卻是針對要教導的能力所設計的活動中學習。例如：如果孩子目前要學的是辨識顏色，剛好孩子又喜歡套呼拉圈，我們就可以準備各種顏色的呼拉圈，同時也準備各種不同顏色的物品放在地上當作標的，孩子在領取呼拉圈前先讓他辨識呼拉圈的顏色，然後才拿到呼拉圈；在丟出去之前，讓孩子說出他想要套的物品名稱和顏色，然後再讓孩子出手套圈圈，如此一來，孩子為了持續地玩這個遊戲，就有多次學習辨識顏色的機會；再加上是自己喜歡的遊戲，不但學習主動性高，成效也佳，更重要的是：因為是在自然情境當中學習，這些學到的技能就是在正確的情境中使用，更能增進類化的效果。

通常在隨機教學的模式下，孩子都可以玩得很開心，但對於教學者卻是一大考驗：隨機教學不像一般結構式的教學，教材和學習機會單純由教學者提供，有時間預先設想，也能有一定的教學量；隨機教學是以孩子為主導，能把孩子當下所選擇的遊戲立即冠上已事先設計好的學習目標，又能提供足量的學習機會，可是一門大學問！

雖然隨機教學最剛開始的研究是以語言能力為主，但在自然情境中，其實能提供學習機會的種類相當豐富，認知、溝通技巧和遊戲技能等都能穿插在其中，例如可以在孩子有動機玩呼拉圈前先讓他講出「呼拉圈」來要求，還能學習辨識顏色；或是把呼拉圈拿來當成方向盤學開車的樣子，也能將假想遊戲適切地融合在隨機教學中，所以有時候才短短不到 10 分鐘的教學，就能一次教孩子很多的技能呢！

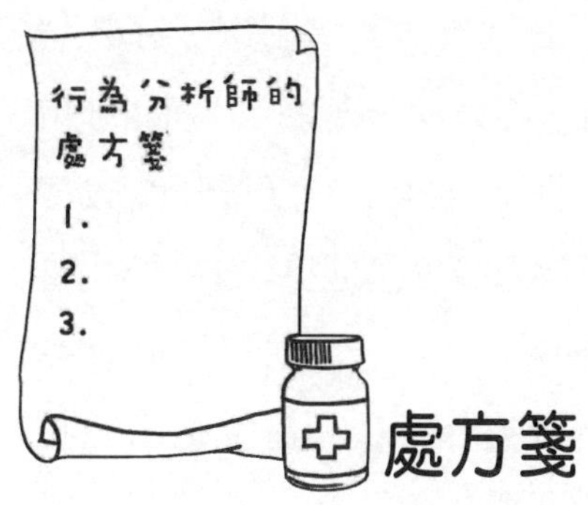

處方箋

在旺旺身上的運用

隨機教學（Hart & Risley, 1975）

既然旺旺喜歡玩遊戲，我們就借力使力，先在教室裡擺滿旺旺喜歡的玩具，包括黏土、廚具組、交通工具箱等，以隨機的模式進行教學。旺旺主要的認知學習目標有三項，包括模仿物品操作、辨識周遭物品和分辨大小。旺旺最先選的活動是玩黏土，因此，我們把這三項學習目標巧妙地融合在玩黏土的活動中，同時加入要求、問答、聽從指令和動作模仿等與溝通相關的目標，外加假想性遊戲的技能。

旺旺一拿到黏土，因為蓋得太緊，旺旺自己打不開，就把黏土罐遞給老師說：「打開」，老師就馬上幫忙打開（要求）；接著旺旺去找工具來做麵條，老師趁機教他工具的名稱「壓麵器」（辨識周遭物品）；然後老師請旺旺把黏土放在壓麵器內（聽從指令），並示範用力壓出麵條的動作讓旺旺模仿，同時讓旺旺知道工具的操作方式（物品操作模仿）；做好的麵條需要裝在容器內，老師左手拿著盤子，右手拿著杯子問：「盤子在哪裡？」旺旺指著盤子並把麵條放上（辨識周遭物品）；老師另一手的杯子也正好派上用場，拿來示範用杯子喝水並發出「咕嚕咕嚕」的聲音，讓旺旺模仿假裝用杯子喝水的模樣（假想性遊戲）。

接著老師拿起一小塊黏土，示範搓湯圓，讓旺旺跟著做（動作模仿）；再拿起一大一小的黏土問他，「你要哪一個？大的？還是小的？」給他選擇（分辨大小）。這時眼尖的旺旺瞥到另一個角落的交通工具箱，開始翻箱倒櫃地找車子，老師也跟著他一起玩進入交通工具的世界（以孩子的動機為教材），旺旺找到一台小汽車，老師請旺旺把車子開去找他最愛的阿姨（聽從指令）；然後老師示範壓鼻子的動作並發出「叭叭」聲，因為旺旺對與車子相關的事件都非常有興趣，他馬上就做出壓鼻子的動作（假想性遊戲）。旺旺對小汽車的構造相當好奇，自己把車門打開，老師順勢問道：「誰在裡面？爸爸？還是媽媽？」旺旺肯定地回答「爸爸」（根據日常生活經驗回答問題）；最後，旺旺哼出了最愛的那首跟公車有關的歌，老師就帶著旺旺邊唱邊做出動作（動作模仿），結束了一段看似是遊戲時間，卻是充滿教學目標的歡樂時光！

我不會！老師沒教我

評估時小安在認知領域有很不錯的表現，知道爸媽花了很多心思和時間一對一地教導他，當我們請小安坐在桌旁觀察其他小朋友學習時，小安出現一副事不關己的模樣，全程東張西望，並不在意小朋友正在學的內容，當然也無法吸收。

現在一般普遍的教學模式是以一對多為主，如果得透過老師直接教學才能學到新知，孩子學習的速度及內容極易受限。觀察性學習（observing learning）是在團體生活中很重要的能力，有觀察性學習能力的孩子可以透過觀察同儕的行為來學習，這也是為什麼當老師請人示範之後，孩子就能學會的原因。

觀察性學習不同於當下的模仿能力，模仿能力是孩子看到同儕的行為後，馬上複製剛剛看到的行為，例如：老師問同儕：「這是什麼顏色的蠟筆？」同儕回應：「紅色的！」老師稱讚了同儕，而在旁的孩子也跟著一起說：「紅色的！」而觀察性學習是孩子看完老師跟同儕互動之後，在沒有直接被老師教導的情況下，自己習得了老師所教的內容，而且能自發性地表現出來，例如過了一個星期，孩子在畫畫的時候看到了紅色的蠟筆竟能說出「紅色的」。研究顯示，觀察性學習是孩子能否在融合環境中成功學習的重要關鍵，只要是有觀察性學習能力的孩子，無論是在學業認知上或社交技巧上的學習，都不需要透過直接教學就可以學會了！

為了訓練孩子觀察性學習的能力，我們使用由美國研究證實有效的教學策略，這個策略巧妙地把孩子需要學習的目標放在遊戲中，透過遊戲競爭的方式，促使孩子把注意力放在正在進行的活動上，雖然跟自己沒有直接關係，但孩子為了贏得遊戲，努力去觀察同儕的反應，並想辦法跟上同儕的行為，從中就把目標學會了。有時候同儕壓力也促使孩子學習，因為當有一個人沒有專注在遊戲中而導致全隊無法加分時，其他人還會適時地提醒並主動協助，這就是我們在團體中所樂見的學習模式！

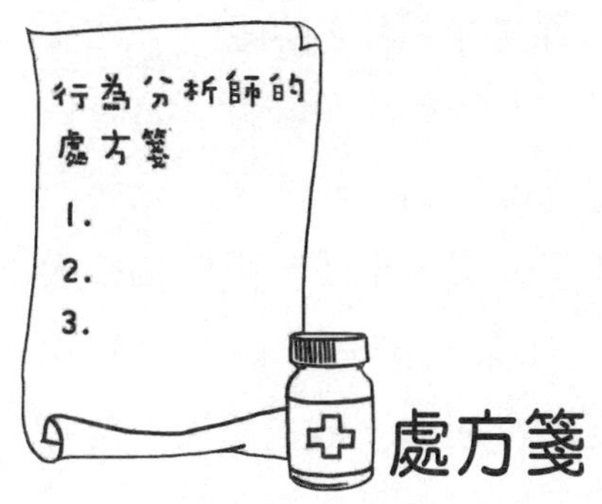

在小安身上的運用

一起打敗老師（Stolfi, 2005）

為了讓學習更有趣，我們以遊戲的方式進行觀察性學習的教學。我們把幾個孩子放在一起成為一組，他們可以選擇代表的人物（蝙蝠俠、蜘蛛人、史瑞克等），而老師也自成一組，選擇一個代表人物（巫婆、大野狼等），同時也預備了畫有幾層樓高的大樓的遊戲板。在遊戲開始之前，我們會先找五樣每個孩子都不認識的物品圖卡作為教材。遊戲一開始，雙方的代表人物都在最底層，老師先拿著圖卡教其中一位小朋友（這位小朋友已有觀察性學習的能力，在這個教學中算是小幫手的角色），如果這位小朋友答對了，老師會給予鼓勵，這時候其他的小朋友也要一起複誦正確答案，只要所有的小朋友都複誦了答案，小朋友組的蜘蛛人就可以往上一格，如果其中有一個人沒有複誦，老師組的巫婆就會往上一格；如果小幫手答錯了，老師會給予糾正，只要其他的小朋友也跟著複誦糾正後的正確答案，小朋友組的蜘蛛人又可以再往上一格；同樣的，只要有一個人沒有做到，老師組的巫婆就會往上一格，如此重複上述的過程，五張圖卡隨機地教，這個遊戲最終就是看誰先爬到高樓的最頂端誰就獲勝！

小朋友都很喜歡這個遊戲，因為可以合力打敗老師，為了團體的榮譽，有時候小朋友還會互相提醒要專心喔！接著，我們會立即測試沒有直接被教學的孩子，看看他在遊戲過後學會了幾張圖卡。剛開始實施這個策略的頭幾回，孩子被測試時通常都答不出來，頂多只能答對一張圖卡；策略實施一段時間後，孩子可以答對八成以上，甚至全對呢！這項策略的重點不在於學什麼，目的是學會透過觀察同儕學習新的知識，因此這項習得的觀察性學習的能力，小安也能自由地運用在其他的課業上喔！

我不知道你在問什麼？

小彬知道很多物品的名稱，來評估的時候，一口氣就把教室裡看到的東西講了一遍，但是當老師拿起同一把剪刀，問道：「這是什麼？」的時候，小彬愣在那裡，不知道怎麼回答，只是重複唸著：「這是什麼？」老師又把剪刀和書拿在手上問：「指出剪刀」，小彬的雙手同時伸向剪刀和書。這樣的表現令人不解，小彬明明可以在看到剪刀時說出：「剪刀」，但是爲什麼當老師以不同的方式問小彬時，小彬卻不能表現出來？

一般孩子在學習新知時，有舉一反三的能力，例如孩子在聽故事時間，聽媽媽講到動物主角的名稱，像大象、斑馬、猴子、長頸鹿……，媽媽也不時地問道：「哪一個是大象？」「哪一隻是猴子？」在這樣的互動過程中孩子默默地學習，下次當孩子在其他故事書或是在動物園看到這些動物時，就能自然而然地說出：「猴子！」這種以單一種模式學到的新知（從繪本指認動物），卻能以其他的方式表現出來（自己看到就主動說出動物名稱），稱為學習模式的類化。

這項能力在一般孩子身上極為平常，也因為有這項能力，孩子才能在短時間內累積豐富的知識。但有一些孩子，他們對於學習新知時的模式及方法很固定，也只會在類似的情境中才能表現出已習得的能力，所以教學者在教這些孩子時，就會遇到像教小彬時一樣的困惑：如果教孩子辨識動物是透過指認繪本上的動物，很有可能孩子只學到指認動物，而不能回答與動物相關的問題。

學習新事物的模式包括：配對、指認、命名以及問答，透過多重範例的教學（Multiple Exemplar Instruction, MEI）策略，孩子可以學習這四種學習模式之間的關聯性，一旦孩子學會了之間的關聯性，日後，雖然只以其中一種模式進行教學，孩子也能舉一反三地類化已學會的能力，以其他形式表現出來！

模式	配對	指認	命名	問答
範例	看到不一樣形式的大象，不管是照片、圖片、玩偶或動物園裡真的大象，會知道這些都是大象。	當他人問：「指出大象」時可以正確地指向大象。	看到大象時，可以說出「大象」。	當他人指著大象問：「那是什麼？」時，可以回答：「大象」。

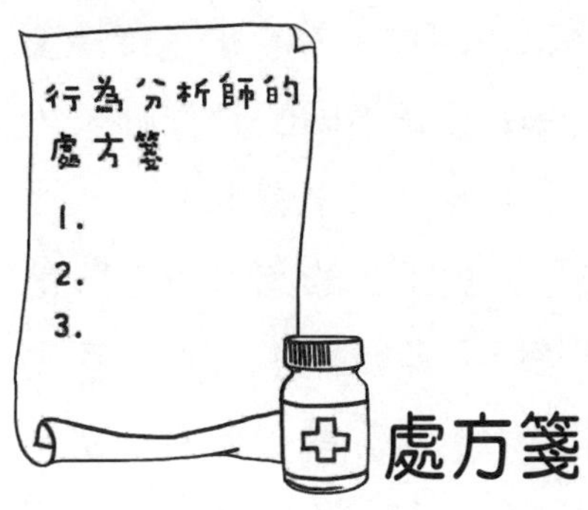

處方箋

在小彬身上的運用

多重範例的教學
（Greer, Yuan, & Gautreaux, 2005）

為了讓小彬了解四種學習模式之間的關聯，我們先選定要教學的目標，這個目標是小彬還沒學會的能力，例如想教小彬學會幾種日常生活中常見的動作，如刷牙、打電話、看書、洗手、睡覺等，各種動作我們都準備四、五種不同的圖片。每次教學時就隨機拿起一張圖片，問小彬：「他在做什麼？」等小彬回答：「睡覺」（問答）；之後把另一張圖卡放在小彬面前，讓小彬直接說出圖卡上的動作：「打電話」（命名）；接著，拿出多張不同動作的圖卡放在桌上問道：「指出洗手」，等小彬正確指出（指認）；最後，桌上放著不同的動作圖卡，給小彬一張刷牙的動作圖卡，告訴小彬：「找刷牙」，觀察小彬是否把手上的圖片放在同是刷牙的圖片上（配對）。等四種學習模式都教過一遍之後，再開始下一輪教學，但這一次，四種教學模式的順序不必跟前一次一樣，例如：先配對，然後問答，接著指認，最後再命名，呈現順序可以隨機的方式進行，重點在於每一輪一定要包含四種教學模式。透過多重範例的教學模式，小彬很快地就學會各種教學模式之間的關聯，不久之後，即使我們只以其中一種形式（例如：命名）教會小彬新的學習目標，再用其他沒教過的形式（配對、指認或回答）提問，也難不倒他呢！從此大大提升了小彬的學習效率。

想告訴你發生的事

樂樂是一個有口語的孩子，有以句子描述的能力。爸爸媽媽常帶她出去玩，來中心上課時總是等不及想跟老師分享週末發生的事，但是樂樂描述事件時總是顛三倒四，老讓老師摸不著頭緒，只有當跟爸媽談話後才能拼湊出她要表達的前後關聯。

常聽到爸媽分享，當孩子從幼稚園回來時，經常問不出孩子在學校發生的事，倒不是孩子的口語能力不好，而是情節片片斷斷，跳來跳去，前後往往不連貫，總是得等到爸媽打電話給老師或在場的人員才能拼湊出事件的全貌。如果是孩子覺得有趣的事，聽的人沒有辦法立即理解並給予回應，不但大人會覺得遺憾，孩子也會因為沒有共鳴而感到無趣。如果在學校發生了什麼爭執或是不好的事，孩子帶回了負面情緒卻沒有帶回理由，父母更會急得像熱鍋上的螞蟻。因此在平時就要多訓練孩子組織的能力，任何孩子親身經歷過，有先後順序的事件都可以當作練習。例如可以把假日出遊的活動按照順序用照片拍下來，跟孩子一同回憶時，拿出照片請孩子描述活動，並建立事件順序的觀念；之後，慢慢地把照片退除，讓孩子以回想的方式描述出遊的事件順序，如果孩子有遺漏，再拿出照片提醒他。先從孩子有興趣的活動開始，再慢慢延伸到一般的事件，經過多次的練習，孩子就能慢慢培養出組織力囉！

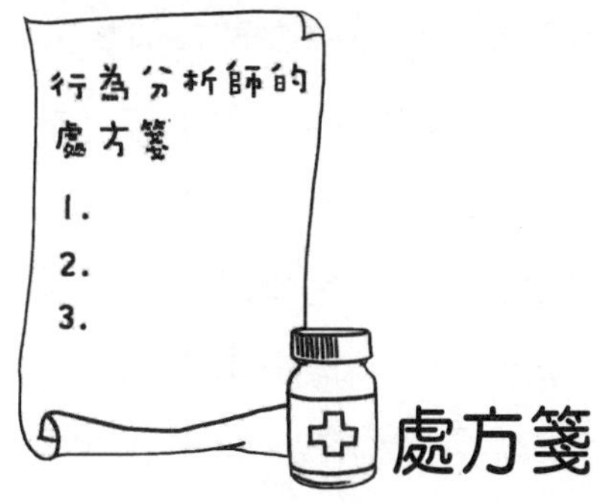

在樂樂身上的運用

1. 排列事件順序（Maurice, Green, & Luce, 1996）

樂樂有與人分享的動機，但需要加強描述時的組織能力。我們使用圖卡呈現一個事件的連續步驟，以早晨起床後的流程為例：起床 →

刷牙→換衣服→穿鞋→出門，每一個步驟都有相對應的圖卡，我們將圖卡順序打亂，先讓樂樂描述每一單張圖卡上的內容，等全部的圖卡內容都描述完，再把全部的圖卡給樂樂，請她按照事件發生的先後順序排列，觀察樂樂是否了解事件發生的流程。對於較沒有先後概念的孩子，我們會先幫她排好前三張圖卡當作提示，後兩張讓樂樂自己排，也就是先從判斷兩張圖卡的先後順序開始；等到樂樂都能判斷正確後，就把提示減少只剩前兩張，樂樂自己排後三張；接著再減為一張提示，最後樂樂必須學習自己排列出五張圖卡的先後順序。這個課程並不希望樂樂是藉著記憶，背下事件順序，所以我們在教的時候就提供約二十組不同的事件，再加上樂樂自己的生活經驗，大量練習的結果，樂樂便能從中歸納出事件的前後關聯，因此，即使後來給的是沒學過的事件，樂樂也能按照圖卡中呈現的邏輯正確排列順序。

2. 預測可能的後果（Rogers & Dawson, 2010）

等到樂樂多步驟的邏輯順序都能正確排列後，我們進一步地讓樂樂推測這五個步驟後可能發生的事，這個練習，孩子不但需要理解整個事件順序，還必須使用自身的知識，想想在這樣的情境中可能會發生的事。再以早晨起床後的流程為例：小朋友穿好鞋出門後，可能發生什麼呢？有可能去上學，有可能去買東西，也有可能跟同學出去玩，這個題目並沒有固定的答案，只要是合理的推測都可以是合適的答案，這樣可以同時訓練孩子的推理能力和想像力。剛開始的時候，樂樂沒有辦法自己推測出一個合理的答案，甚至愣在那裡，不知道該怎麼答，為了不讓樂樂太過於受挫，我們先提供兩種可能的後果，其中一種是合理的答案（跟同學出去玩），另一種是較離譜不合理的答案（回床上睡覺），讓樂樂判斷並選出合理的那一個。等樂樂都能選出合理的答案之後，我們試著讓樂樂自己說出來，並要求答案要多於一種，這樣樂樂才能明白答案是有變化的，不能只靠死背。

7

單飛的條件

有一雙會自我管理的翅膀

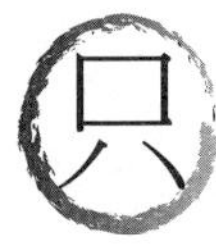要是身為父母，都期待自己的孩子能融入社會，跟一般的孩子一起互動、學習，等到孩子長大了，便盼望他能自力更生，擁有工作的機會，甚至組成家庭。如果我們停下腳步看看生活周遭的人，就會發現能做到這些事的人都需要一些特質，像是能自律、自我控制，知道自己在什麼情境可以做什麼事，更進階的是，能適時地調整自己的行為，為自己設定目標，並在達成目標時獎勵自己一下！

常有父母問我們：「我的孩子長大後有可能和正常人一樣嗎？他有辦法獨立嗎？還是我要照顧他一輩子？」先別急著為孩子將來的日子擔憂，無論孩子現在的能力是在哪個階段，都可以學習他該有的獨立性與自我管理的能力，千萬別因為孩子現下的狀況而低估了孩子的潛力。自我管理的能力之所以重要，是因為它不但讓孩子不必依賴他人的叮嚀和監督，還能自覺地知道該做些什麼事，譬如在團體裡表現適當行為、與他人互動時說出適當的話語、情緒來時的自我克制和調適，或是在獨處時選擇可以從事的活動；自我管理是項該被重視的能力，它，應是所有教育的最終目標。

以上提到，無論孩子的狀況如何，都可以以他現下的能力為出發點引導他邁向獨立的道路。檢視一下孩子現有的能力和發展階段，很快就會知道該從何著手：

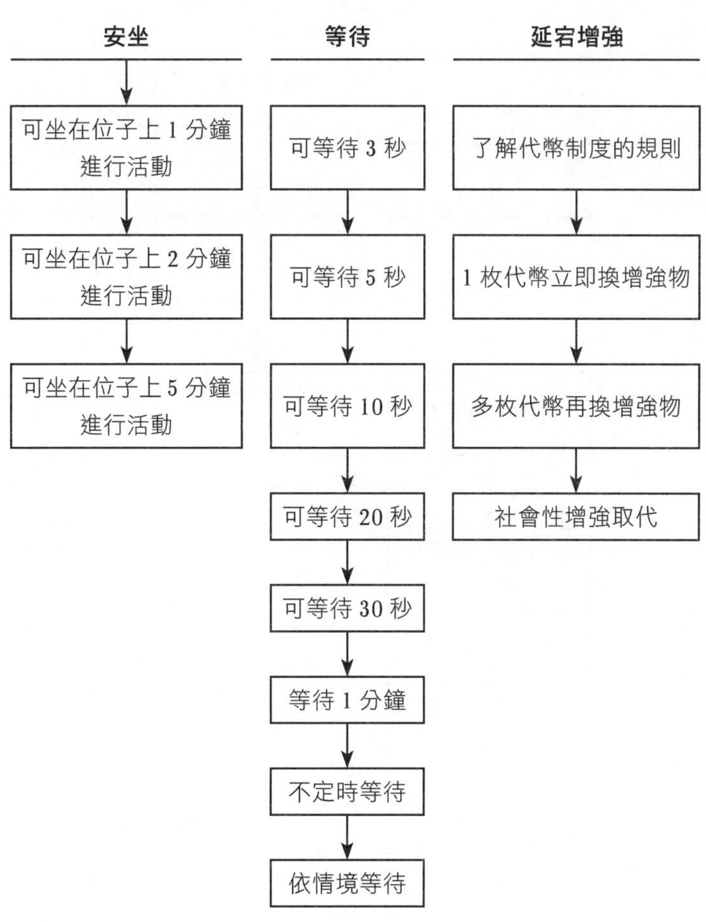

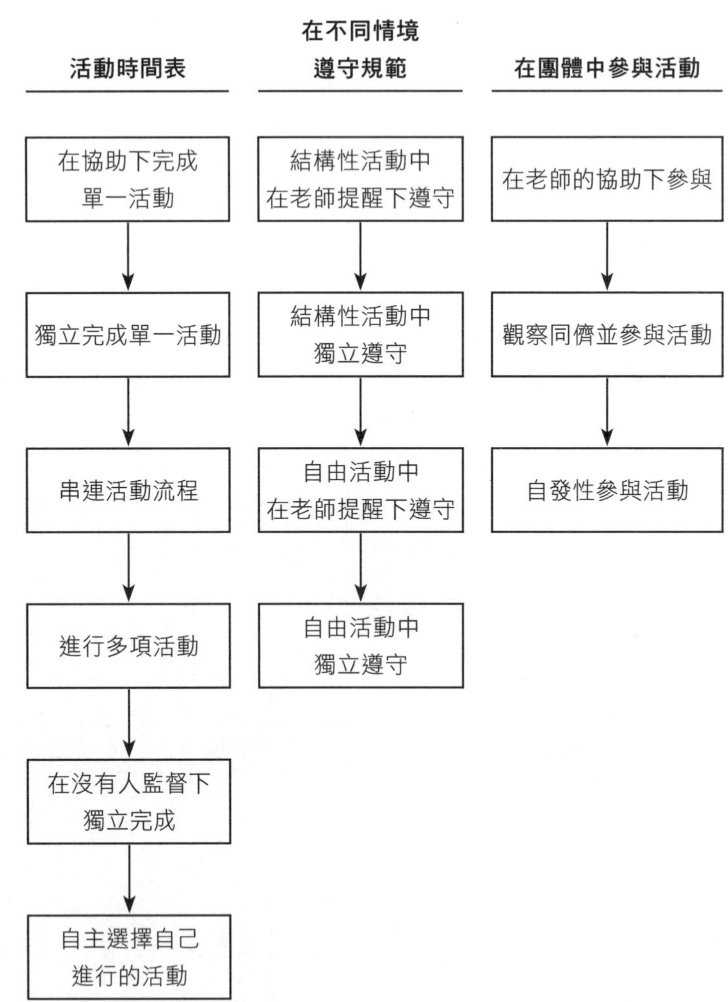
活動時間表
在協助下完成單一活動
獨立完成單一活動
串連活動流程
進行多項活動
在沒有人監督下獨立完成
自主選擇自己進行的活動
在不同情境遵守規範
結構性活動中在老師提醒下遵守
結構性活動中獨立遵守
自由活動中在老師提醒下遵守
自由活動中獨立遵守
在團體中參與活動
在老師的協助下參與
觀察同儕並參與活動
自發性參與活動

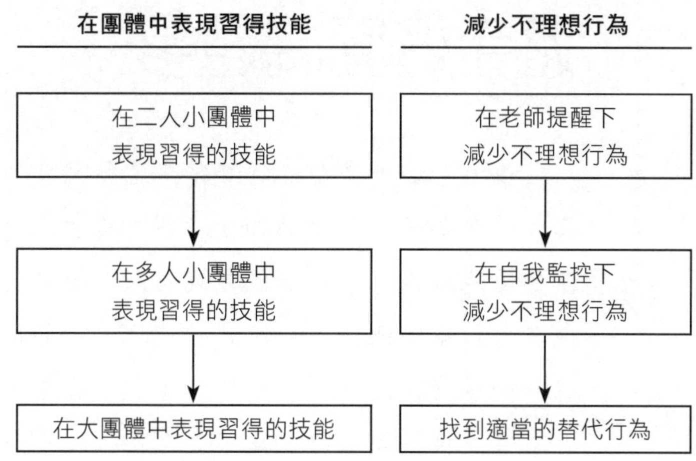

愛孩子是每位父母天生的本能，但是愛孩子，也要愛得正確，愛得有方向。我們常常看到不少父母因為孩子本身的限制，於是什麼事情都幫孩子打理好，這些孩子在受呵護的環境下變得特別依賴，無法獨處和獨立，原有能力學習的他，反而因為過度保護而錯失了很多學習的機會。因此，父母們該學習適時地放手，讓「引導、放手」成為自己的口訣，有方法有技巧地幫孩子打造必要具備的條件，也許有一天，他就能單飛！

遊手好閒問題多

在教室裡，亮亮隨時都需要老師大量的協助及引導，只要是「自由時間」，亮亮就會在教室裡漫無目的地遊走，時常出現自我刺激，他也許會摸摸玩具，但並不理解應如何正確地玩。老師觀察到他對什麼事情都沒興趣，雖然有時會順從老師的指令看本書或拼拼圖，但他從不曾自發性地進行這些活動。

如果你看到一個孩子會主動地拿玩具來玩、拿一本書來看，或堆建積木，這個孩子在進行這些活動的同時，一定不太做出惱人的行為。也就是說，若是孩子可以從這些活動中獲得滿足，那麼他就不需要透過不適當的方式引起他人的注意。除此之外，藉由這些他有興趣的活動還能同時提升他的學習動機。美國哥倫比亞大學在這方面做了很多相關的研究，他們發現當孩子喜歡的事物增加，這些活動又正好符合孩子年齡時，孩子的專注力與持續度就會提升，很多孩子也因擴展了興趣，而明顯地減少了自我刺激及其他不適當的行為。

既然擴展孩子的興趣是處理孩子行為問題的關鍵，在療育的路上更應將此能力化為一項孩子所學的目標，讓這項能力成為各樣學習的基礎。現在坊間的療育課程相當多元，有的是針對語言上的學習，有的針對社交技巧，有的針對肌力的發展。這些課程雖然多元，我們卻發現常常忽略了孩子的學習動機，很少課程考量到這個環節，也因此，孩子在學習上的進步幅度並不大，自我刺激的孩子還是在自我刺激，他們喜歡的活動還是有限，自發性的學習仍然沒有發展出來。

如果我們的目的是要讓孩子喜歡某件事物或活動，該從何做起？回想一下我們小時候，有哪件事情或活動是我們喜歡的？那些我們喜歡的活動一定有它讓我們喜歡的原因，譬如畫畫這件事，也許是因為畫畫的過程有媽媽的陪伴，讓我們感覺愉快；也或許是因為在畫畫的時候搭配了我們最喜歡的音樂，因此讓我們對畫畫產生了好感。這個道理很簡單，也就是說，當我們讓孩子接觸某件事物時，如果過程是美好的，同時將孩子原本就喜歡的事物搭配在一起進行，那麼這種正向的經驗就會讓孩子有自發性的意願去從事這項活動。當然，相對的，倘若學習的過程中有不好的經驗，孩子也就自然而然地會對某事物排斥、逃避。這也是為什麼我們常強調學習過程的正向經驗是學習動機的主要原因。

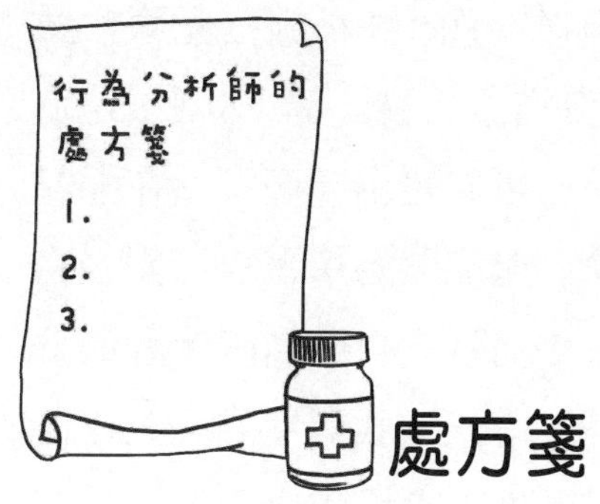

處方箋

在亮亮身上的運用

愛上看書（Nuzzolo-Gomez, Lenard, Ortiz, Rivera, & Greer, 2002）

我們觀察到亮亮偶而會拿起圖片或繪本來看，雖然只限於幾秒鐘，但是這代表了他對圖像有初步的興趣，於是繪本就成了我們第一個為亮亮擴展的興趣。因為亮亮很喜歡獲得老師的注意及讚美，我們就使用讚美作為繪本的搭配。首先，我們會在一旁陪亮亮看書，在看書的同時幫他命名他所看到的圖片，但更重要的是在他看的當下給予讚美：「我好喜歡你看書的樣子！」或是「亮亮會自己看書耶，好棒！」

將讚美配對幾秒鐘後（例：5 秒鐘搭配兩次讚美），我們會讓亮亮自己看書（例：5 秒），這樣的反覆交錯數次，目的是讓亮亮不只在配對中享受看書的過程，還能開始學習自己獨立看書。當他能持續看書而且不會中斷時，我們就將看書的時間拉長。有一天我們看到亮亮在自由活動時，自己主動地去拿繪本來看，一看就是好長一段時間！終於，書，成了亮亮的增強物了！

你說一句，我一個動作

小陶是個能力很好的孩子，認知能力等同於同年齡的孩子，他的個性溫順，會聽老師說的話，也願意配合老師請他做的事。早期他來中心的時候，專注力與持續度特別的弱，因此我們幫他加強了這方面的能力，他也從中學會了如何專注在老師指定的活動上，譬如拼拼圖或寫作業單，而且也能持續地進行活動直到完成爲止。雖然小陶會依照老師的指令進行活動，但他還是過度依賴老師給予的指令，無法在空檔時自己獨立選擇適合的活動進行。

在美國，很多的孩子在還年幼時就開始被訓練要獨立，這些孩子從小就學習很多事情要靠自己，連特殊兒童也不例外。一個 4 歲的孩子，當他具有了一些先備的條件，像是看得懂圖片中所代表的事物、能獨立地進行幾項活動、有基本遵循事件步驟的能力，就能透過活動時間表來練習獨立性。

這裡所提的「活動時間表」，並不是我們一般看到的「活動流程表」，一般的活動流程表就像在教室裡看到掛在牆上的課程項目，當孩子上完體育課或點心時間，老師就會將該圖片移至另一個位置。而為孩子設計的活動時間表，是一張個別化的表格，其中每個項目都是孩子自己可以完成的活動。這個策略的重點並不是在教導孩子學會執行哪一項活動，而是讓他學習在獨處時，能不需依賴他人的陪伴或監督從事適當的活動，進而學習如何安排自己的時間，完成當天該做的事情。這項能力對孩子往後入學時極為重要：想想看，一個孩子若是能在教室裡做他該做的事，行為問題相對地就不太可能發生；同樣的能力若能帶入家中，孩子平時就會安排自己的時間，家人就可以有時間處理其他的家事，不需要擔心孩子因為沒事做而搗蛋的問題。

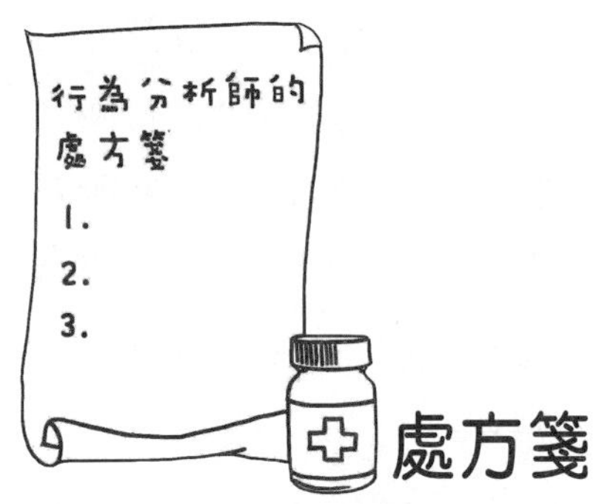

處方箋

在小陶身上的運用

我會安排自己的時間（Krantz, MacDuff, & McClannahan, 1993）

為了要讓小陶熟悉活動的流程，我們一開始只選一項他可以獨力完成的活動（例：小豬撲滿），並將小豬撲滿的照片放置在活動時間表上。一開始，我們透過***工作分析***（Alberto & Troutman, 2009）的方式讓小陶理解活動時間表的概念：看到照片要自行取得小豬、將小豬帶回座位、開始進行活動、放完錢幣後將小豬歸位、最後再將小豬的照片移到「完成」的框框裡。過程中我們依小陶的反應給予他協助，直到他能獨立完成每個步驟時，我們才漸進式地加入其他的活動，甚至包含需要書寫的作業單。小陶學得很快，除了能持續地完成數個活動外，他到最後還學會如何做出適當的選擇，例如，老師給予他指定的活動後，他會選擇幾項他自己想要做的事情，然後自己獨立安排活動的順序，在沒有老師監督的情況下，一一將活動完成！

好難克制、好難改啊！

阿恆很喜歡上課，他喜歡與老師互動，也能配合大家參與活動。不過老師發現阿恆上課時雖然會參與，但是常因爲無法克制自己而干擾到其他的學生，像是在上團體課時，阿恆會在老師拿出教具正準備上課時，衝動地伸手向前搶奪教具，或是在完成作品後，會因爲無聊而開始破壞他的作品，這些衝動行爲已嚴重地擾亂上課的秩序，其他的孩子也開始變得無法專注學習。

有很多孩子都缺乏學習動機，尤其那些對他們來說是困難的工作，孩子更不會有自發性學習的意願。一般會讓孩子有動機學習的元素，像是讚美、模仿同儕，或完成一個作品，對有自閉症的孩子來說都不是學習動機的來源。我們這些孩子，在欠缺學習動機時都需要一些外在的誘因，例如孩子的增強物或代幣，儘管它看起來有些不自然，但若我們不刻意營造動機，孩子就更不可能學習新的能力。我們要提醒大家，這只是階段性的，也就是說代幣或其他的物件只是一開始啟動孩子學習動機的媒介，當實施一段時間後，孩子能從自己所習得的能力上獲得成就感之後，他們的動機將轉化為自發性的，只要運用得當，代幣或物件也就能漸漸退除。

相信大多數的人都聽過「代幣」，它的型態有很多類型，無論是貼紙、點數或銅板，它的用意都是在累積一定的量後能夠兌換我們喜歡的物品或活動。雖然大家對代幣有一定的認識，但是在操作上還是會有一些盲點，以下是對代幣常見的疑問與解答：

1. 誰適合使用代幣？

在嘗試幾次後，若孩子能理解代幣是可以用來換東西的，就可以開始使用代幣。另外，孩子必須有基礎「等待」的概念，也就是他可以延宕獲得增強，並且能理解他所兌換的事或物與他的表現相關。

2. 要如何呈現代幣系統？

代幣系統型態不拘，重點是要讓孩子能具體地了解他已集滿點數（這是特別針對學齡前的孩子的建議），像是 (1) 一張他喜歡的玩具圖片切割成 3 等份，當拼完圖片時就可以兌換那個玩具；(2) 讓狗狗走迷宮，每當孩子得到代幣時，讓狗狗在迷宮中前進一步，直到它到達終點吃到骨頭時就可以兌換自由時間；(3) 畫出 5 個格子的表格並在最後貼上孩子想要的物品圖卡，當孩子集滿 5 個星星即可兌換。

3. 要幾個代幣才夠呢？

對於年齡小、能力弱的孩子，因為他們較難等待，也需要較立即的回饋才能理解自己的行為與獲得的物件之間的關聯性，建議要求孩子集滿的代幣數量不要多，頂多 5 至 10 個代幣就需要提供孩子兌換的機會。就算孩子的能力好，要求孩子要達成的代幣還是不能過量，像是：「集滿 100 點才可以玩小火車！」孩子不但學習動機會下降，開始對代幣反感，到最後他會乾脆選擇放棄喔！

4. 可以兌換些什麼？

孩子所喜歡的物品、活動、自由時間、當小幫手、特權，或是想跟誰一起玩都可以納入兌換項目。切記儘量不要「買禮物」，而是選擇孩子本身就常接觸的事物，例如孩子每天都有看電視的習慣，那麼集滿 5 點就可以多看 5 分鐘、集滿 10 點就可以多看 10 分鐘之類。

5. 什麼時候可以兌換？

所設計的代幣兌換卡上若有明確的量，例如在表格上有 10 個框框，那麼只要一集滿 10 個代幣就須立即兌換。當孩子的等待能力和認知能力提升後，可以嘗試讓孩子累積一段時間後再兌換。

6. 可以扣點嗎？

可以，但是要先以加點為優先。如果你已使用加點或其他正向的方式一段時間，還未看到明顯的進展，那麼你可以嘗試扣點，只是在扣點前要注意：(1) 跟孩子溝通扣點的規則，切記避免在行為出現時溝通，以免造成更多負面的情緒；(2) 一旦孩子理解規則，在扣點時只要讓孩子知道他是為什麼被扣點，不要加入其他不必要的話語；(3) 只要被扣點，就一定要有被加點的機會，千萬別讓點數變成負數，如果有一天孩子對你說他不要集點了，就表示代幣制度已在錯誤的操作下轉變成一項懲罰的工具了。

7. 什麼時候可以退除代幣？要如何退除？

當孩子習得你所教導的能力時，那個能力就不需要再給予代幣了，但是有可能孩子還是需要代幣來維持學習其他能力的動機。退除代幣有幾個方法：(1) 讓孩子延宕獲得滿足，也就是原本集滿 5 個代幣就可以兌換，現在要增加到 10 個代幣才能兌換；(2) 當作忘記有代幣這回事，有時給、有時不給；(3) 給予代幣時搭配讚美，搭配久了，孩子只要你的讚美就夠了！請記得要以漸進的方式退除，孩子才不會有情緒上的反彈喔！

別把代幣想成是邪惡的東西，想想看我們在 7-11 集的點數、飲料店買 10 杯換 1 杯的印章，和自己領的薪水都是代幣，代幣的概念其實早已融入在我們的生活當中！

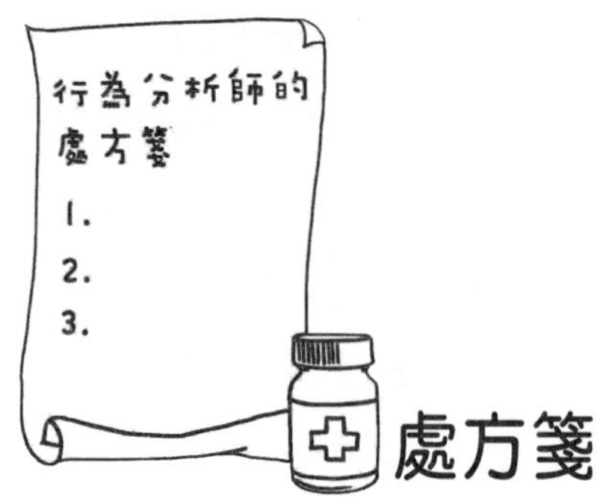

在阿恆身上的運用

有了動機，我知道該怎麼做了！
（Cooper, Heron, & Heward, 2007）

應用行為分析（ABA）的一項原則是要以正向處理的方式為優先考量，因此老師在阿恆沒有出現干擾行為時都會在口頭上讚美他，但阿恆的行為卻沒有因此而改善。在老師的觀察與分析下，發現阿恆缺乏改變的動機，同時也不理解行為出現會有的後果或該付出的代價，於是老師為他設計了專屬他的代幣制度，將他的行為以照片的方式呈現，並和他溝通應遵守的規則：只要他 (1) 看到老師的教具時手放好或 (2) 完成作品時手放好，就能各得到一個笑臉；但是如果在情境裡沒有將手放好，老師便會移除一個笑臉；在團體課結束時若是阿恆還保有 10 個笑臉，那麼他就可以帶頭排隊去洗手間洗手（這是他選擇兌換的項目）。阿恆很快地理解這個「遊戲規則」，他的衝動行為也在實施代幣制度後的第六次降到零。現在，他已進階到可以自己執行加點與扣點，慢慢地朝向自我管理的能力邁進了喔！

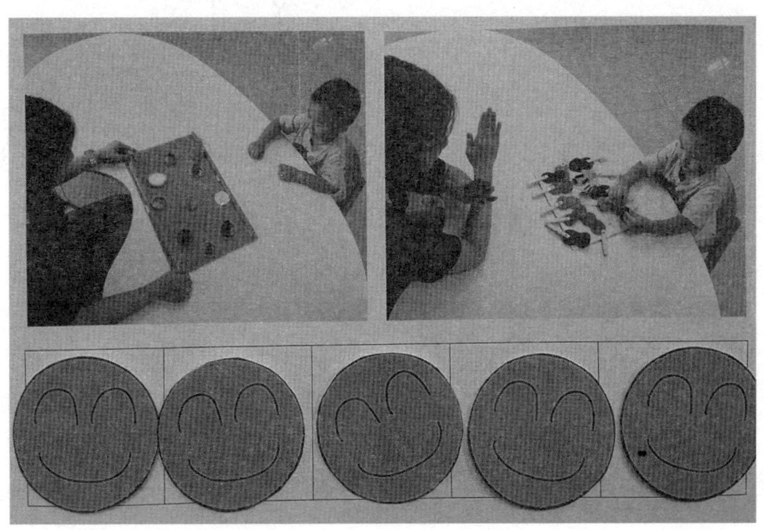

有嗎？我有嗎？

純純是個活潑的孩子，她的話很多，喜歡找人聊天，也喜歡主動接近老師或班上的同學。照理來說她應該是個討人喜歡的孩子，但是她卻有一些行爲經常造成他人的困擾，像是老師給予純純一個任務時，她可以拖延好久才把事情完成，或是在別人說話時常常插嘴，老師曾多次提醒她，當下她卻表現得沒這回事似的，到了下一次他還是會忘記！

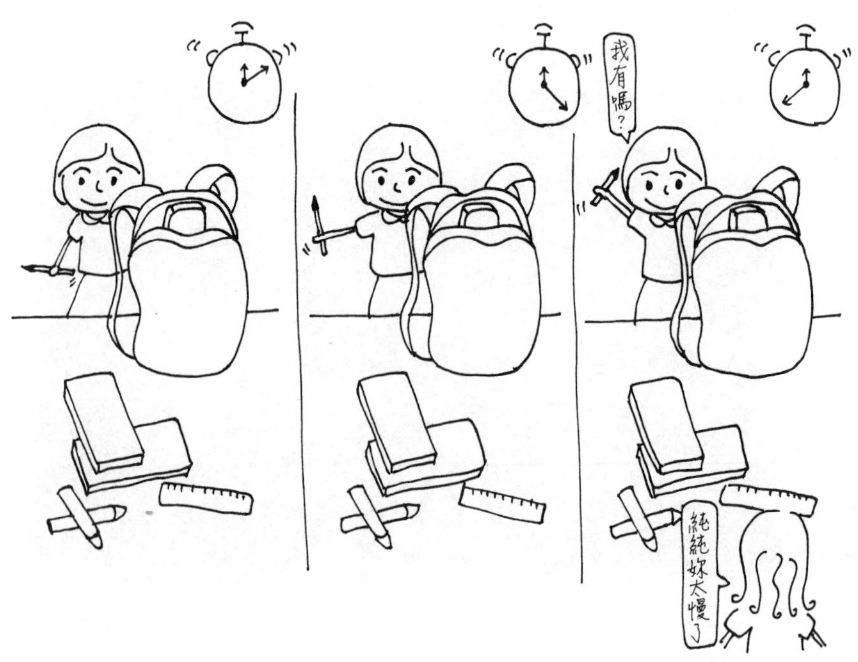

之前提到過，讓孩子學習獨立是我們可以給孩子最好的禮物之一。當孩子學會獨立，當他們學會如何克制自己、知道在什麼情境該做什麼事，我相信只要是為人父母的都會感到欣慰、感到放心一些。獨立性的其中一項能力，是能覺察自己的行為，也就是孩子能意識到自己正在做的事或展現的行為，而當孩子有這項基礎的覺察力時，他才有條件監督或管理自己。

在要求孩子學習高階的自我管理能力時，先檢視一下孩子自我察覺的能力。跟大家分享一個例子：

曾經有一位孩子因爲常常會被其他同學正在做的事吸引，造成他上課期間三不五時地就轉頭看其他的同學，無法專心上課。爲了教會他如何克制自己，我們先訓練他自我察覺的能力。訓練的過程是在一個自然學習的情境中，老師先將計時器設定爲3分鐘，並在這段時間內與孩子互動、教學。當計時器鈴響時，老師會詢問孩子：「你有在專心上課嗎？」只要孩子能正確地辨識自己是「專心」或「不專心」，都會受到老師的增強，練習久了，孩子的自我察覺能力提升了，他就學會克制自己的行爲，到現在再大的干擾也不會分散他的注意力了！

這個例子告訴了我們，孩子一定要知道自己在做什麼，他才能知道要改變些什麼；也只有孩子自己，才是最能管理自己行為的人。

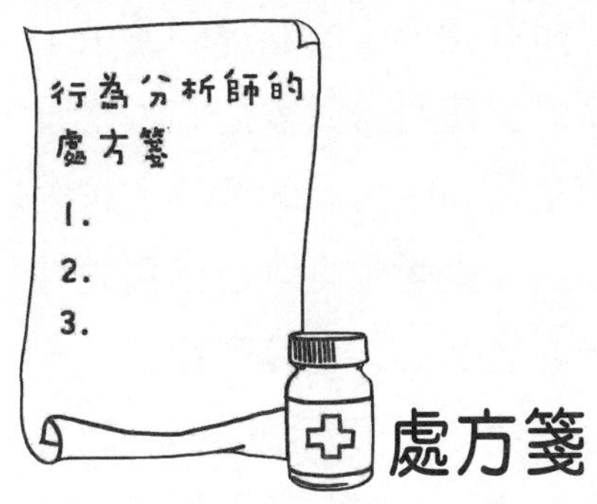

處方箋

在純純身上的運用

改變自己從打勾開始（Hutchinson, Murdock, Williamson, & Cronin, 2000）

在確定純純學會了自我察覺的能力後，我們為她設計了一張自我監控的表格。表格的內容描述了純純應該有的適當表現，另外我們還融入了代幣的概念，讓純純在有適當的表現後能立即得到回饋。

自我監控的方法很容易操作，就是當她看到別人正在說話的時候會先等待，或是當她立刻去做老師交代他的事情時，老師都會引導她在表格上打勾；而每打一次勾就能獲得一枚代幣，集滿 5 枚代幣即可兌換她所選擇的遊戲。純純花了一點時間學習使用自我監控的表格，我們發現純純開始意識到她自己的行為，也因此開始調整自己，到最後她竟可以自己獨立地運用表格，也不需要老師一直在旁叮嚀了！純純能學會這項能力真是令大家感到開心，想想看她日後都能運用這項能力在各種情境裡，甚至在家中也能運用自我監控的表格，說不定一些生活自理的事，像是把玩具收好、完成回家作業，或是飯後刷牙等，只要事先約定好，純純就可以自我監控，不再需要爸爸媽媽操心囉！

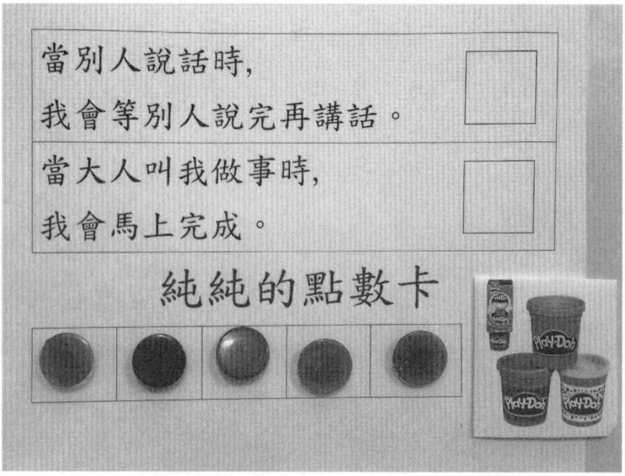

參考文獻

Alberto, P.A. & Troutman, A.C. (2009). *Applied Behavior Analysis for Teachers* (8th ed.). Upper Saddle River, NJ: Merrill/Prentice Hall.

Baer. D. M. (1999). *How to plan for generalization* (2nd ed.) Austin, TX: Pro-Ed.

Bay-Hinitz, A. K., Peterson, R. F., & Quilitch, H. R. (1994). Cooperative games: A way to modify aggressive and cooperative behaviors in young children. *Journal of Applied Behavior Analysis*, *27*, 435-446.

Carr, E. G. & Kologinsky, E. (1983). Acquisition of sign language by autistic children: Spontaneity and generalization effects. *Journal of Applied Behavior Analysis*, *16*, 297-314.

Catania, A. C. (2007) *Learning*, interim 4th edition. Cornwall-on-Hudson, NY: Sloan Publishing.

Charlop-Christy, M. H., Carpenter, M., Le, L., LeBlanc, L. A., & Kellet, K. (2002). Using the picture exchange communication system (PECS) with children with autism: Assessment of pecs acquisition, speech, social-communicative behavior, and problem behavior. *Journal of Applied Behavior Analysis*, *35*, 213-231.

Colon, C. L., Ahearn, W. H., Clark, K. M., & Masalsky, J. (2012). The effects of verbal operant training and response interruption and redirection on appropriate and inappropriate vocalizations. *Journal of Applied Behavior Analysis*, *45*(1), 107-120.

Cooper, J. O., Heron, T. E., & Heward, W. L. (2007). *Applied Behavior Analysis* (2nd Ed). Pearson.

Dixon, M. R., Benedict, H., & Larson, T. (2001). Functional analysis and treatment of inappropriate verbal behavior. *Journal of Applied Behavior Analysis*, *34*, 361-363.

Donley, C. R. & Greer, R. D. (1993). Setting events controlling social verbal exchanges between students with developmental delays. *Journal of Behavioral Education*, *3*(4), 387-401.

Du, L. (2011). *The effects of mirror instruction on the emergence of generalized imitation of physical movements in 3-4 year olds with autism*. Columbia University: Academic Commons.

Fischetti, A. T., Wilder, D. A., Myers, K., Leon-Enriquez, Y., Sinn, S., & Rodriguez, R. (2012). An evaluation of evidence-based interventions to increase compliance among children with autism. *Journal of Applied Behavior Analysis*, *45*(4), 859-863.

Foxx, R. M., Faw, G. D., McMorrow, M. J., Kyle, M. S., & Bittle, R. G. (1988). Replacing maladaptive speech with verbal labeling responses: An analysis of generalized responding. *Journal of Applied Behavior Analysis*, *21*, 411-417.

Greer, R. D., Pistoljevic, N., Cahill, C., & Du, L. (2011). Effects of conditioning voices as reinforcers for listening responses on rate of learning, awareness, and preferences for listening to stories in preschoolers with autism. *Analysis of Verbal Behavior*, *27*(1), 103-124.

Greer, R. D. & Ross, D. E. (2008). *Verbal behavior analysis: Inducing and expanding new verbal capabilities in children with language delays*. Boston, MA: Pearson.

Greer, R. D., Yuan, L., & Gautreaux, G. (2005). Novel dictation and intraverbal responses as a function of a multiple exemplar instructional history. *Analysis of Verbal Behavior*, *21*, 99-116.

Hart, B., & Risley, T. (1975). Incidental teaching of language in the preschool. *Journal of Applied Behavior Analysis*, *8*, 411-420.

Hutchinson, S. W., Murdock, S. Y., Williamson, R. D., & Cronin, M. E. (2000). Self-recording PLUS encouragement equals improved behavior. *Teaching Exceptional Children*, *32*, 54-58.

Iwata, G. A., Dorsey, M. F., Slifer, K. J., Bauman, K. E., & Richman, G. S. (1994). Toward a functional analysis of self-injury. *Journal of Applied Behavior Analysis*, *27*, 197-209.

Johnson, B. M., Miltenberger, R. G., Knudson, P., Egemo-Helm, K., Kelso, P., Jostad, C., & Langley, L. (2006). A preliminary evaluation of two behavioral skills straining procedures for teaching abduction-prevention skills to schoolchildren. *Journal of Applied Behavior Analysis*, *39*(1), 25-34.

Karmali, I., Greer, R. D., Nuzzolo-Gomez, R., Ross, D. E., & Rivera-Valdes, C. L. (2005). Reducing palilalia by presenting tact corrections to young children with autism. *The Analysis of Verbal Behavior*, *21*, 145-153.

Keenan, M., Kerr, K. P., & Dillengurger, K. D. (2000). *Parents' Education as Autism Therapists*. Philadelphia, PA: Jessica Kingsley Publishers.

Kennedy, C. H., Itkonen, T., & Lindquist, K. (1995). Comparing interspersed requests and social comments as antecedents for increasing student compliance. *Journal of Applied Behavior Analysis*, *28*, 97-98.

Keohane, D. D., Greer, R. D., & Ackerman, S. A. (2006b, May). The effect of conditioning visual tracking on the acquisition of instructional objectives by pre-listeners and pre-speakers. Paper presented as part of a symposium at the annual International Association for Behavior Analysis, Atlanta, Ga.

Kodak, T., Northup, J., & Kelley, M. K. (2007). An evaluation of the types of attention that maintain problem behavior. *Journal of Applied Behavior Analysis*, *40*, 167-171.

Koegel, L. K., Koegel, R. L., Frea, W., & Green-Hopkins, I. (2003). Priming as a method of coordinating educational services for students with autism. *Language, Speech, and Hearing Services in Schools*, *34*, 228-235.

Koegel, R. L. & Koegel, L. K. (2006). *Pivotal response treatments for autism.* Baltimore, MD: Paul H. Brookes Publishing Co.

Krantz, P. J., MacDuff, M. T., & McClannahan, L. E. (1993). Programming participation in family activities for children with autism: Parents' use of photographic activity schedules. *Journal of Applied Behavior Analysis, 26*, 137-138.

Leaf & McEachin, J. (1999). *A work in progress*. New York, NY: DRL Books.

Lee, R., McComas, J. J., & Jawor, J. (2002). The effects of differential and lag reinforcement schedules on varied verbal responding by individuals with autism. *Journal of Applied Behavior Analysis*, *35*, 391-402.

Lerman, D. C., Iwata, B. A., Shore, B. A., & Kahng, S. (1996). Responding maintained by intermittent reinforcement: Implications for the use of extinction with problem behavior in clinical settings. *Journal of Applied Behavior Analysis*, *29* (2), 153-171.

Madsen, C. H., Jr., Becker, W. C., & Thomas, D. R. (1968). Rules, praise, and ignoring: Elements of elementary classroom control. *Journal of Applied Behavior Analysis*, *1*, 139-150.

Maffei-Lewis, J. (2011). *The effects of the acquisition of conditioned reinforcement for adult faces and/or voices on the rate of learning and attention to the presence of adults*. Columbia University: Academic Commons.

Marcus, B. A. & Vollmer, R. R. (1995). Effects of differential negative reinforcement on disruption and compliance. *Journal of Applied Behavior Analysis*, *28*, 229-230.

Maurice, C., Green, G., & Luce, S. C. (1996). *Behavioral Intervention for Young Children with Autism: A manual for parents and professionals*. Austin, TX: Pro-Ed.

McComas, J. J., Thompson, A., & Johnson, L. (2003). The effects of presession attention on problem behavior maintained by different reinforcers. *Journal of Applied Behavior Analysis*, *36*, 297-307.

McGee, G. G., Almeida, M. C., Sulzer-Azaroff, B., & Feldman, R. S. (1992). Promoting reciprocal interactions via peer incidental teaching. *Journal of Applied Behavior Analysis*, *25*, 117-126.

Nikopoulos, C. & Keenan, M. (2004). Effects of video modeling on social initiations by children with autism. *Journal of Applied Behavior Analysis*, *37*, 93-96.

Nuzzolo-Gomez, R., Lenard, M., Ortiz, E., Rivera, C. M., & Greer, R. D. (2002). Teaching children with autism to prefer books or toys over stereotypy or passivity. *Journal of Positive Behavior Interventions*, *4*, 80-87.

Osborne, J. G. (1969). Free-time as a reinforcer in the management of classroom behavior. *Journal of Applied Behavior Analysis*, *2*, 113-118.

Peck, S. M., Wacker, D. P., Berg, W. K., Cooper, L. J., Brown, K. A., Richman, D., McComas, J. J., Frischmeyer, P., & Millard, T. (1996). Choice-making treatment of young children's severe behavior problems. *Journal of Applied Behavior Analysis*, *29*(3), 263-290.

Pierce, K. & Schreibman, L. (1995). Increasing complex social behaviors in children with autism: Effects of peer-implemented pivotal response training. *Journal of Applied Behavior Analysis*, *28*, 285-295.

Richman, S. (2001). *Raising a child with autism: A guide to applied behavior analysis to parents*. Philadelphia, PA: Jessica Kingsley Publishers.

Rogers, S. J. & Dawson, G. (2010). *Early Start Denver Model for Young Cchildren with Autism: Promoting Language, Learning and Engagement.* New York, NY: The Guilford Press.

Ross, D. E. & Greer, R. D. (2003). Generalized imitation and the mand: Inducing first instances of speech in young children with autism. *Research in Developmental Disabilities*, *24*, 58-74.

Saarni, C., Campos, J. J., Camras, L. A., & Witherington, D. (2007). *Emotional Development: Action, Communication, and Understanding*. Handbook of Child Psychology.

Schauffler, G. & Greer, R. D. (2006). The effects of intensive tact instruction on audience-accurate tacts and conversational units. *Journal of Early and Intensive Behavioral Interventions*, *3*(1), 120-132.

Schreibman, L. (1975). Effects of within-stimulus and extra-stimulus prompting on discrimination learning in autistic children. *Journal of Applied Behavior Analysis*, *8*, 91-112.

Skinner, B. F. (1957). *Verbal Behavior*. Acton, MA: Copley Publishing Group and the B. F. Skinner Foundation.

Smith, C. (2003). *Writing and Developing Social Stories: Practical Interventions in Autism*. Milton Keynes, UK: Speechmark Publishing Ltd.

Smith, R. G. & Iwata, B. A. (1997). Antecedent influences on behavior disorders. *Journal of Applied Behavior Analysis*, *30*(2), 343-375.

Stolfi, L. (2005). *The induction of observational learning repertoires in preschool children with developmental disabilities as a function of peer-yoked contingencies*. (Doctoral dissertation, Columbia University, 2005). Abstract from: UMI Proquest Digital Dissertations [on-line]. Dissertations Abstracts Item: AAT 3174899.

Taylor, B. A. & Hoch, H. (2008). Teaching children with autism to respond to and initiate bids for joint attention. *Journal of Applied Behavior Analysis*, *41*, 377-391.

Touchette, P. E. & Howard, J. S. (1984). Errorless learning: Reinforcement contingencies and stimulus control transfer in delayed prompting. *Journal of Applied Behavior Analysis*, *17*, 175-188.

Wildmon, M. E., Skinner, C. H., & McDade, A. (1998). Interspersing additional brief, easy problems to increase assignment preference on mathematics reading problems. *Journal of Behavioral Education*, *8*, 337-346.

Williams, G. & Greer. R. D. (1993). A comparison of verbal-behavior and linguistic communication curricula for training developmentally delayed adolescents to acquire and maintain vocal speech. *Behaviorology*, *1*, 31-46.

國家圖書館出版品預行編目資料

請你跟我這樣教～自閉症幼兒／袁巧玲等著. --初版. --臺北市：書泉出版社, 2014.02
面； 公分
ISBN 978-986-121-886-1（平裝）

1.自閉症 2.特殊兒童教育 3.教學法
4.個案研究

529.6 102025821

3ID9

請你跟我這樣教
自閉症幼兒

作　　者 — 袁巧玲(463)、白嘉民
發 行 人 — 楊榮川
總 經 理 — 楊士清
總 編 輯 — 楊秀麗
副總編輯 — 黃文瓊
責任編輯 — 黃淑真、李敏華
內頁插圖 — 王心潔
封面設計 — 童安安、王心潔
出 版 者 — 書泉出版社
地　　址：106台北市大安區和平東路二段339號4樓
電　　話：(02)2705-5066　傳　　真：(02)2706-610
網　　址：https://www.wunan.com.tw
電子郵件：shuchuan@shuchuan.com.tw
劃撥帳號：01303853
戶　　名：書泉出版社

總 經 銷：貿騰發賣股份有限公司
電　　話：(02)8227-5988　傳　　真：(02)8227-598
地　　址：23586新北市中和區中正路880號14樓
網　　址：www.namode.com

法律顧問　林勝安律師事務所　林勝安律師

出版日期　2014年2月初版一刷
　　　　　2021年6月初版六刷
定　　價　新臺幣280元

經典永恆·名著常在

五十週年的獻禮——經典名著文庫

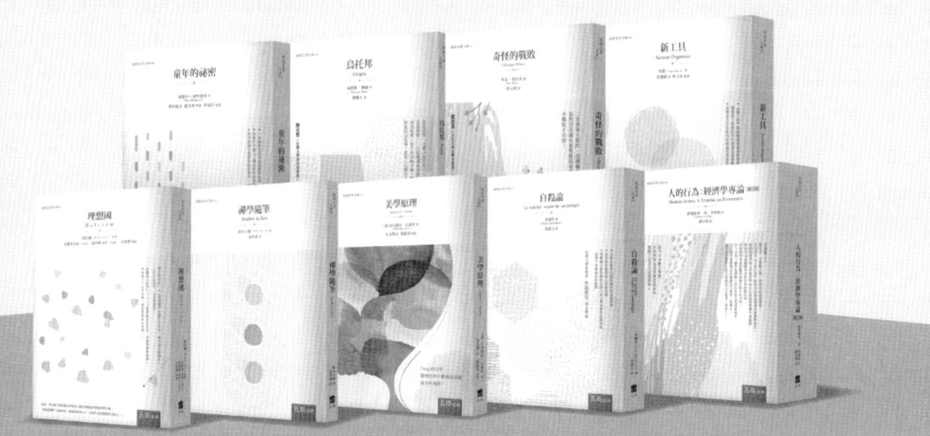

五南，五十年了，半個世紀，人生旅程的一大半，走過來了。
思索著，邁向百年的未來歷程，能為知識界、文化學術界作些什麼？
在速食文化的生態下，有什麼值得讓人雋永品味的？

歷代經典·當今名著，經過時間的洗禮，千錘百鍊，流傳至今，光芒耀人；
不僅使我們能領悟前人的智慧，同時也增深加廣我們思考的深度與視野。
我們決心投入巨資，有計畫的系統梳選，成立「經典名著文庫」，
希望收入古今中外思想性的、充滿睿智與獨見的經典、名著。
這是一項理想性的、永續性的巨大出版工程。
不在意讀者的眾寡，只考慮它的學術價值，力求完整展現先哲思想的軌跡；
為知識界開啟一片智慧之窗，營造一座百花綻放的世界文明公園，
任君遨遊、取菁吸蜜、嘉惠學子！